大好きな人と結婚した、その後。

辻 希美

Happy!
LOVE
LOVE

Everyday
BIRTHDAY

はじめに

19歳のときに結婚を発表した当時、お腹の中にいた長女・希《の》空《あ》は中学2年生になり、長男の青空《せいあ》は小学5年生、次男の昊空《そら》は小学3年生になりました。そしてちょっと離れての三男・幸《こ》空《あ》も、もう2歳半に。「もっとゆっくり大きくなって！」と思うほど、みんなすくすくと育っています。

実はこれまでも「子育ての本を出しませんか」というお話をいただいたことがありました。でも長女、長男が赤ちゃんの頃はわからないことだらけで、毎日、育児本とにらめっこ。子どもの成長についてのページを読んでは、「なんで、本の通りじゃないんだろう？」「うちの子は大丈夫なのかな」などと日々、プレッシャーや不安を感じていました。

子どもの性格や成長のスピード、家庭の状況はそれぞれ違うもの。今ではわかります。でも当時の私は、そういった本に振り回されていました。ですので、この本はそうした「育児マニュアル本」でも、これが正解、というお手本でもありません。

私たちの日常から、共感したり、元気をもらったりするポイントを見つけていただけると嬉しいです。「杉浦家の場合はこうなんだ～」と、笑いながら読んでほしいと思っています。

私と旦那さんの結婚生活についても触れています。結婚している方だけでなく、まだ結婚していない方にもぜひ読んでもらいたいです。うちのリアルな結婚生活を知ることで、「結婚も悪くないかも」と思ってもらえるんじゃないかなと……。

かつて私たちは「ママゴト婚」と言われ、世間からいろいろなバッシングを受けました。結婚3年目の頃には、夫婦仲が危機的な状態になったこともあります。そうしたことを二人で乗り越えてきて、現在の形に落ち着きました。その当時のことも旦那さんとの初の対談でお話ししています。

子どもって、想像をはるかに超えてあっという間に大きくなります。わが家では、長女は今や家族よりも友だち優先という生活になりましたし、長男はとうとう手をつないでくれなくなりました。この間も、長男のスマホの私の登録名が「ママ」から「お母さん」になっているのを発見して、「え〜よそよそしすぎる！」とちょっぴり悲しくなりました（笑）。

そう考えると、子どもと一緒にいられるのってほんの十数年。だからこそ、その時間を精一杯楽しみたいと思っています。

とはいえ、育児で悩んでいる最中は本当にしんどいですよね。子育ては思い通りにならないことばかりですから。でも、悩んだり、心から頭にきて叱ったりしたとしても、それこそが愛情だと思います。子どもたちもいつかはわかってくれるはず……。たとえわかってくれなくても、子どもが元気に育ってくれればいいなと思います。

いっぱい悩んでいっぱい頑張って、ときには周りを頼って助けてもらって。みんなで一緒に育児を楽しみましょう！

2021年6月　辻　希美

SUGIURA FAMILY

希美《のぞみ》
NOZOMI
（34歳）

太陽《たいよう》
TAIYO
（40歳）

幸空《こあ》
KOA
（三男・２歳）

昊空《そら》
SORA
（次男・８歳）

青空《せいあ》
SEIA
（長男・10歳）

希空《のあ》
NOA
（長女・13歳）

目次

Chapter 2
わが家の子育て

Chapter 3 わが家の暮らし

Chapter 1

家族・夫婦の作り方

私たちはこうして歩み寄っています。

BALR

結婚・出産から10年たち……
やっとテストに合格?したようです。

20歳で初めての出産を経験し、現在は四児の母となっている私ですが、一人目の子ども、長女を育てていた頃の記憶はほとんどありません。当時は親や友だちと離れて暮らしていたので、とにかく孤独でした。仲のいい友だちは誰も結婚すらしていなかったので子育ての相談なんてできないし、旦那さんも忙しくて家にほとんど帰ってこられない状態だったのです。

人と話す機会すらなく、一人でどんどん追い込まれていきました。「育児本ではこの頃にハイハイできるはずなのに、うちの子はまだできない」などと、悩む日々でした。もう毎日毎日必死すぎて、当時の記憶は飛んでしまっています。

そんな私の孤独を救ってくれたのが、ブログでした。私の再始動の出発点となったのは、子育て生活の発信だったのです。自分の気持ちを表現してリアクションをもらえる場所があったことで、乗り越えることができたと思っています。

「一人じゃないんだ」と思えたことで、精神的にとてもラクになりました。私が困ったり悩んだりしていることに対して、先輩ママたちが共感してくれたり、アドバイスをくれたりしたことがどれほど励みになったことか……。

当時、私たち夫婦に対する世間の風当たりは、かなり厳しいものでした。「ママゴト婚」

と報道され、「きっとすぐに別れる」などと言われていて、何を発信しても悪く言われがちだったのです。ブログのコメント欄も、9割くらいが好意的とは言えないコメントで埋めつくされていました。夫婦二人セットでいろいろ言われてしまうのは本当に辛かった。

その後、二人目の出産に合わせて私の実家近くに引っ越しました。親がそばにいるというのは心強いものです。そして、「否定的な人より、応援してくれている人のほうがはるかに多いんだな」ということに気づいたのもその頃。「どんなに悪く言われても、私のSNSを楽しみにしてくれている人がいる限り、頑張り続けよう」と思いました。同時に、「顔の見えない人のコメントよりも、リアルな日常の幸せにフォーカスしよう」と思えるようにもなったのです。

とはいえ、そこまで完全に割り切れるわけでもないので、その後もいろいろ言われてまいってしまうことはありました。「もうできない、ブログをやめたい！」と事務所に言ったことは何十回もあります。

でも、「じゃあ、やめればいいんじゃない？」と言われると、負けず嫌いの性格が出てきて、「いや、やめたら負けだ。やってやろう！」って、妙な火がついてしまう。その繰り返しでした。振り返って思えば、それが事務所の作戦だったのかもしれません（笑）。

けれどもなぜ、アンチの方も含めて、そんなに多くの方々が私のブログをチェックしてくれたのでしょうか？

私なりに考えてみたのですが、〝辻希美、20歳で結婚&妊娠！〟という見出しが大きく報道されたことが原因ではないかと。そしてそのニュースを見た人たちは、〝ママゴト婚のその後〟が気になったのではないかと思います。当時、私たち夫婦にしても、「あんなに若いうちに結婚して子どもを持って、一体どんな育児をするんだろう」と、ある意味テストされているような視線を感じていました。

10年かけて4人産んで、やっとテストに合格……？

ブログなどに寄せられるコメントが優しくなってきたのは、4人目の妊娠を発表した頃。3人目までは、アンチコメントのほうがずっと多かったのです。だから、「4人目を授かりました」と発表するのは、本当はとても怖かった。

けれども勇気を振り絞って発表したところ、温かなコメントがたくさん寄せられたのです。ものすごく嬉しかった一方で、まったく想像すらしていなかった〝おめでとう感〟あふれる反応に「なんだ、この空気感は!?」とちょっと戸惑ってしまったくらい。「ここまでくるのに10年以上かかったね」「祝福されるのってやっぱりありがたいね」と旦那さん、マネージャーさんと語り合いました。

4人目ともなると、実は家事も育児も以前より適当になりつつあり（笑）、一人目の育児のときのほうが一生懸命頑張っていたのになあ、と思ったりもします。当時はちゃんとごはんを作っても、「買ってきたお惣菜を器に移しただけでしょ」などと言われていたのに、今では牛丼をテイクアウトしても好感をもってもらえるという。本当に、一歩一歩頑張ってきた甲斐があります……。

ただ、世間の〝ママゴト婚クリアテスト〟にはパスしたかもしれませんが、私自身は「まだまだ全然、合格しきれていない」と思っています。もっと多くの子どもを育てているお母さんはたくさんいるし、頑張っている偉大なお母さんはたくさんいますから！

また、ここまで認めてくれる方が増えたのは、ＹｏｕＴｕｂｅのチャンネルを始めたことが大きかったのかなとも思っています。ブログやインスタグラムは写真と文章だけなので、見せ方でどうにかできたりします。料理にしても「美味しそうだけど、本当に作っているの？」と思われなくもないですが、動画なら料理しているプロセス全部を見てもらうことができます。「本当にちゃんと作ってるんだ」「辻ちゃん、こういう人だったんだ」な

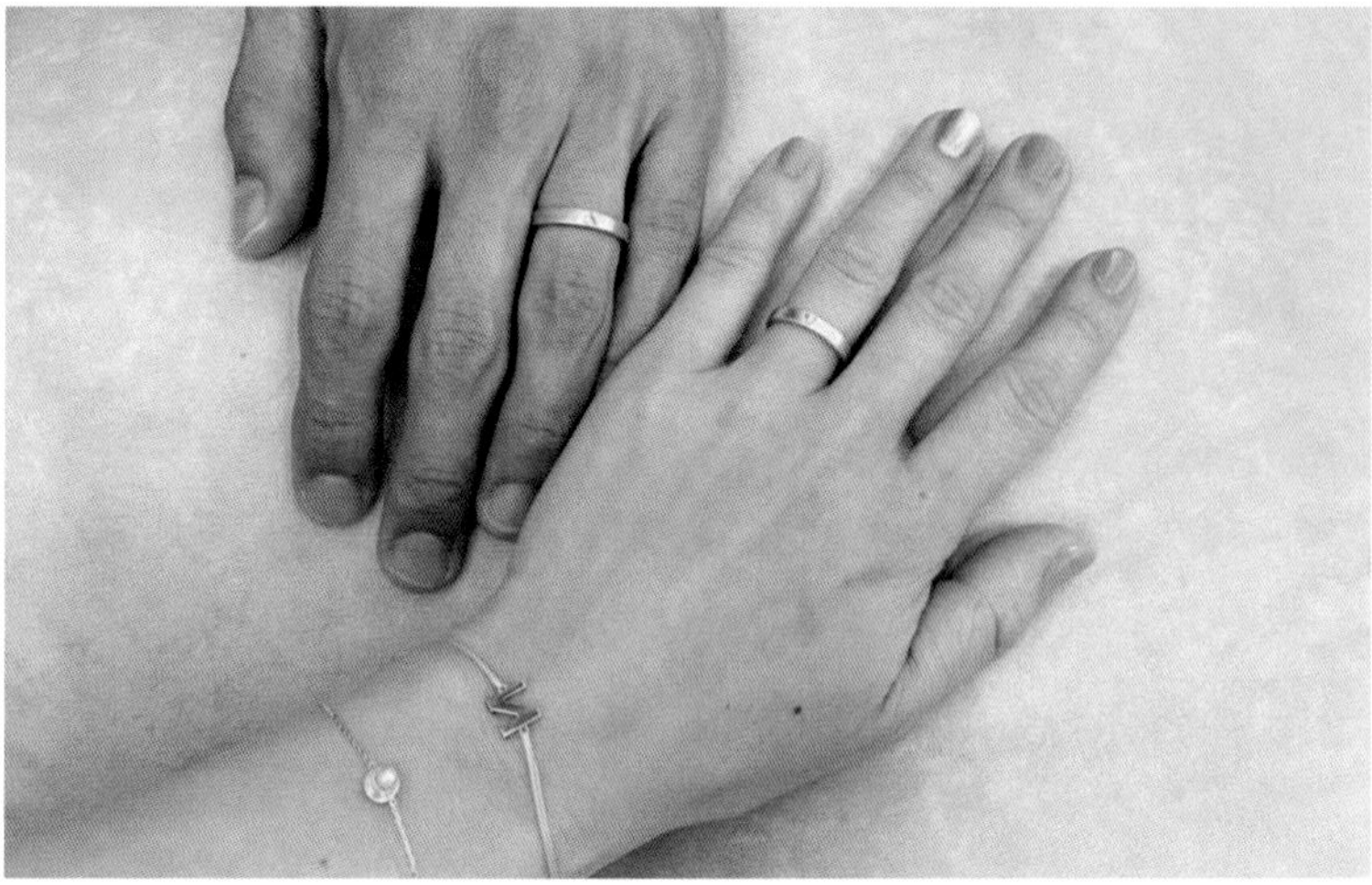

どとそれまでのイメージと違う私を発見してくれたのだと思います。

動画を撮影しているとき、私はずーっとしゃべっています。編集しながら自分でびっくりするくらい、話し続けています。コロナ禍の現在、なかなか人と会って話ができませんよね。配信を通じて皆さんに語りかけることは、私にとってある種、癒やしになっていると感じます。

かつて孤独な子育てを救ってくれたのも、バッシングに負けない強さをくれたのも、皆さんとつながることのできるブログの存在でした。そうしたＳＮＳや動画を通じて発信を続けたことは、私にとって大きなパワーになっています。

恋愛中は自分第一、相手第一。結婚したら〝家族第一〟。

恋愛と結婚は、同じなのか違うのか。

この永遠のテーマに対する私の答えは、「根本的には一緒」です。恋人でも夫婦でも、仲良くいるためにはお互いの努力が必要。努力なくして長続きしないのは恋愛も結婚も一緒だと思います。

ただ恋愛のほうが、結婚ほど縛られていないというか、自由度が高い部分はあるかもしれません。結婚すると、お互いに〝自分第一〟ではうまくいきません。恋愛中は自分第一、もしくは相手第一でいいんです。むしろそれでうまくいく。でも結婚すると、〝家族第一〟に変わります。そして子どもができたら、〝子ども第一〟も加わらないとうまくいかないと思います。

結婚だけが幸せではないと思うし、結婚したらしたなりの苦労が伴うのも事実です。ただ、結婚したからこその幸せは確かにあります。

結婚をしないで生きるとなると、自分がお仕事をして得たお金は誰にも文句を言われることなく、すべて自分で使える自由と幸せがあるでしょう。それが結婚していると、家族のために使うのがあたりまえになります。でも家族がいることで、たくさんの会話が生まれたり、笑わせてくれたり、家族がいなければ味わえない幸せがたくさんあります。

私の場合は、20歳という年齢で結婚して正解だったと思っています。というのも、もはや一人目の子どもは中学生になり、その娘と友だち感覚で接することができるのが本当に嬉しいのです。

私は今、34歳。人生の後半戦にはもう子育てが一段落しているだろうから、第二の人生が開けているのも楽しみです。子育ては体力勝負だと思うので、そういう意味でも若いうちに結婚・出産をしていてよかったと思っています。

お互いに周囲を思いやる姿が〝結婚の決め手〟に

私が旦那さんと結婚したいと思った決め手は、彼がご両親や友だちなど周りの人をすごく大事にしていたから。「この人と結婚したら、きっと私や家族のことを大切にしてくれるんだろうな」と思ったからです。そしてその予感はバッチリ当たりました。

旦那さんが私と結婚しようと決心したのは、一緒に彼の大阪の実家に行ったときだったそう。彼がとても周囲を大切にする人だからこそ、「私もできるかぎりのことをしよう」と強く思っていました。それで彼の実家に着いたとき、まず「ご先祖さまにも挨拶をしなきゃ」と「お線香をあげさせてください」とお願いしたんです。

旦那さんはその言葉を聞いて結婚を意識した、と後から聞きました。

……というわけで、お互いに「結婚するならこの人」と、わりと早いうちから思っていたようです。付き合っている間にも「いつか結婚したいね」とたまに話してもいたのです。

ちゃんとしたプロポーズは、私が彼の誕生日にプレゼントを渡して、そのお返しのときにしてもらいました。「一生お前の笑顔を見ていたい。俺についてきてくれ。結婚しよう」という言葉と指輪は、今も大切な宝物です。

プロポーズされたときはまだ19歳だったこともあり、単純に嬉しい！ という気持ちだけでした。ちゃんと言葉に出してプロポーズしてくれたことにとにかく感動して、彼に対する「好き」という気持ちがさらに強くなっていきました。

旦那さんの立場に立ってみると、10代の私にプロポーズするのはすごく覚悟が必要だったと思います。彼の周りもまだみんな未婚でしたし……。でも、そういうことをすべて乗り越えて、腹をくくってくれたんですよね。


旦那さんは〝友だち第一〟から〝家族第一〟へ

結婚前は、女の子の多くが「結婚＝キラキラしたもの」と思っているでしょう。でも残念ながら、そうキラキラしたものだけではなかったな、と今振り返って思います。もちろん幸せを感じたり、笑顔になったりする瞬間はたくさんあります。けれどもそういう幸せをキープするためには、お互いの努力が必要でした。

私もそうでしたが、若い頃って結婚そのものよりも「結婚式をしたい」とか「ドレスを着たい！」という、結婚式まわりのイメージが大きいような気がします。でも結婚式を挙げること自体がそもそも大変。決めなくてはいけないことがたくさんあって、計画中に彼とケンカになることも少なくありません。

だから結婚式の計画を立てる時点から、お互いの気持ちのすり合わせや努力が必要……つまり〝二人第一〟〝家族第一〟にならないといけないんですよね。どちらか一人が頑張ってもどうにもならないことがたくさんあるので、それらを二人で乗り越えないと、結婚してもうまくいかないような気がします。

旦那さんは、結婚する前は〝友だち第一〟な人だったのですが、結婚したら〝家族第一〟に変わりました。それは彼自身が意識してそう変わってくれたから。そのおかげでわが家はうまくいっているのだと思います。

天気のいい週末はよく家族で公園へ行きます。子どもたちはみんな体を動かすのが大好き！

私にとって料理は家族への愛情表現です。

「男性の胃袋を摑めば、結婚生活はうまくいく」と昔から言われてきましたが、私、これは今も十分〝アリ〟だと思っています。

なぜなら、夜ごはんが用意されていなければ、旦那さんはどこかで食べてから帰ろうと思うようになるでしょう。また、会社の同僚などから誘われればそちらを選ぶこともあるでしょう。そんな毎日が続くと、だんだん家から遠ざかってしまう気がします。

けれども、家に自分の好きなごはんが用意されていたら、お誘いがあったとしても「いや、今日は帰るよ」と断る日が増えるはず。仕事をして疲れて帰ってきた旦那さんに、ホッとできる〝わが家の味〟を用意しておくことは、夫婦円満につながると思うのです。

私にとっても、夫婦で一緒に食事をしたり、ときにはお酒を飲んだりする時間は、とても大切な楽しいひとときです。だから出張帰りや大変な仕事をして帰ってくるときには、旦那さんが好きな料理を用意するようにしています。

そしてもし可能ならば、旦那さんのお母さんに料理を教わるのもオススメです。彼が食べ育ってきたメニューを少しでも覚えることは、〝胃袋を摑む〟うえで最大の武器になると思います。

ご存じの方もいるかもしれませんが、私、結婚前はまったく料理ができませんでした。

付き合っていたとき、彼に「冷やし中華が食べたい」と言われて、「麺をゆでるだけでしょ、簡単、簡単〜」と水からゆでてしまったことがあるくらい。麺が鍋の水をすべて吸ってしまい、鍋の形のまま固まってしまいました。ぶよぶよの麺にタレだけかけて出してみたら……、さすがの彼もひと口でギブアップしていました。

その後、妊娠がわかって、「お母さんになるんだし、子どものごはんが作れないのはダメだ」と、料理を勉強することを決意しました。そしてちょうどその頃、旦那さんが1ヵ月間ほど大阪で舞台に出演するため、大阪の実家から通うことになったので、私もついていくことにしたのです。

大阪のお義母さんから教わった関西風の出汁料理

彼の実家でお義母さんが料理しているところを見ていたら、「昆布で出汁をとる」「牛筋をゆでる」などなど、当時の私にとっては未知の工程が次から次へと出てきました。旦那さんはこの料理で育ったのかと思うと、「これはできるようにならないと！」と改めて思いました。お義母さんは本当に料理上手で、ふりかけなども全部手作りしているくらいなのです。

料理の第一歩は、出汁をとることからスタート。私は和風の顆粒だしで育ってきたので、「え、昆布？　そして鰹節!?」と初めから驚きの連続。けれどお義母さんがゼロから丁寧に教えてくれたおかげで、少しずつ作れる料理が増えていきました。

今もわが家によく登場する〝お義母さんの味〟は、牛筋の煮込みと鶏肉入りのうどんです。牛筋の煮込みは赤味噌と白味噌を混ぜるのがお義母さん流なのですが、アレンジして普通の味噌で作ったりもします。

うどんは、私が鶏肉好きなので、鶏肉をいっぱい入れて作ります。出汁をとることもありますが、関西風の出汁の味わいが簡単に再現できる粉末のつゆの素をお義母さんが教えてくれたので、それを使うことが多いです。このつゆの素はいろいろな料理に使えて、わが家では大活躍しています。

家庭料理の基本は母から学びました

大阪で旦那さんの実家の味を教えてもらった私。東京に帰ってから、改めて母に煮物などの和食を教わりました。実家で暮らしていたとき、料理は母にまかせっきりで、意識して見ていませんでした。私の父はもともと板前なので、野菜の切り方を教えてもらったことはあるのですが……。なので私、きゅうりの飾り切りなどは得意だったりします。

料理って、教えてもらっているときはわかったつもりになるのですが、自分の家でいざ作ろうとすると、わからないことが次々出てきます。そういうときは母に電話して、手順を教わりながら作っていました。

そうやって少しずつ教わりながら、いろいろな料理が作れるようになっていったのですが、私、なぜか作る量がとにかく多かったのです。二人暮らしなのに、「少量作る」ということができなくて、いつも大量にできてしまう。旦那さんは当時、「せっかく作ってくれたのに、残しちゃったら申し訳ない」と無理して食べていたようです。

今はどんなに大量に作っても、びっくりするくらいあっという間になくなってしまうので、「少量が作れない」という私の欠点はむしろメリットになっています（笑）。

もちろん、忙しかったり疲れていたりするときなど、「ごはん作るの、面倒だな」と思うことはあります。けれどもどんなに忙しくても面倒くさくても、私にとって料理は今や大切な愛情表現のひとつ。できるだけ、手作りのものを旦那さんや子どもたちに食べてもらいたいと思っています。

妻として、母としての愛情を込めて、私は今日もごはんを作ります。

スパムと海苔で作ったミニオンズおにぎりは子どもたちに大好評。朝５時に起きて作りました！

家族や夫婦の絆を深める イベントは全力投球!

季節ごとに、いろいろなイベントを楽しんでいるわが家。イベントを大切にすると生活にメリハリがつくし、家族の絆も深まると思っています。私たち夫婦がイベントを大事にするようになったのは、結婚前にさかのぼります。

私は中学生の頃から仕事をしていたので、誕生日やクリスマスなどにみんなで集まってお祝いするという経験もなければ、習慣もありませんでした。だから旦那さんが、付き合って初めての誕生日にサプライズパーティを開いてくれたときは、すごく驚いたし、本当に嬉しかった！　それ以来、私もお返しをしなくちゃと思うようになったのです。

誕生日などの記念日、クリスマスやバレンタインのためにいろいろ計画したり、彼がほしがっているものをリサーチしてプレゼントしたり。イベントをどう楽しむか、プランを一緒に考えることで二人の関係はいっそう深まっていったと思います。「喜んでくれるかな」と一人で準備をする時間も、ワクワクして私は大好きです。

たまに、イベントを完全にスルーする人がいますが、でも、そういう人って〝興味がない〟のではなく、私が以前そうだったように、「イベントを祝うという習慣がない」だけなのかもしれません。最初に旦那さんがサプライズパーティを開いてくれなかったら、私もイベントを大切にしないままだったような気がします。だから、付き合っている相手がイベントに興味ないから……とあきらめているなら、自分からイベントを祝う習慣を作ってしまえばいいのではないでしょうか。

また、「イベントをお祝いするやり方がわからない」という声も聞きます。その人が好きそうなお店を予約したり、友人たちを誘ってのパーティを企画したり、あるいは、家で手料理をふるまったり、キャンプに行ったり、思い切って旅行をプレゼントしたり……お祝いの方法はなんでもありです！　そんなふうに準備して祝ってもらえたら絶対に嬉しいはずだし、「よし、今度は自分が祝ってあげよう」と思ってくれるはず。

付き合いや結婚生活が長くなると、誕生日やクリスマスなどのイベントを何度も一緒に過ごすことになります。そうすると「去年のあれは面白かったね」「来年はこうしよう」などと、二人共通の思い出が増えながら、さらに新しい楽しみ方も増えていきます。

子どもが生まれて家族が増えたりしたなら、お祝いごとはさらに増えますよね。節分、ハロウィーン、七五三もあれば、家族の数だけ誕生日もあります。わが家は、私も旦那さんもそうしたイベントは、きちんと準備をして思いっきり楽しむことにしています。

ただ、付き合いが長くなればなるほど、いろいろやり尽くしてしまうのも事実。それでもやらないわけにはいかない！　とプレッシャーに感じる人もいるでしょう。私たち夫婦もまさにその状態。でも、それもひっくるめて楽しいんです（笑）！

二人だけのイベントを大切にする

子どもが生まれると、どうしても夫婦のことより子ども中心の生活になってしまう家庭が多いのではないでしょうか。けれども結婚記念日などに、あえて〝二人きりの特別な日〟を作って、ちゃんとお祝いできるのが理想的だと思います。私たちも年に一度くらいはそういう機会を作るようにしています。

子どもなしで、二人だけでゆっくり向き合って話をするなんて、普段の生活ではなかなか難しいですから。食事をしながらいろいろ話すのですが、気がつけば結局、子どもたちの話題になっています。これまでのことやこれからのこと、子どもたちのことを本当に分かち合えるのは、やっぱり旦那さんしかいません。

column1

Annual Event

クリスマスとハロウィーンは家族みんなでコスプレします！

イベント大好きなわが家が何より気合を入れるのは、なんといってもクリスマスとハロウィーン。
コスプレに料理に、本気出します(笑)！

クリスマスは数日前からツリーを飾ってデコレーションをして。家族みんなでサンタやトナカイのコスプレをしてパーティをします！

チキンの丸焼きとローストビーフ、クリスマスケーキは当日焼きます。チキンには玉ねぎ、にんじん、じゃがいもなどの野菜を詰めて焼き上げるのがわが家流です。

クリスマスの定番メニューはチキンの丸焼きです

ツリーは子どもたちと飾り付け。サンタさんへのお手紙がとっても可愛いんです。

子どもたちへのプレゼントは、クリスマスイブのパーティ後に渡します。そして翌朝起きたら、サンタさんからもプレゼント。わが家の子どもたちは、クリスマスにプレゼントを2つもらっています。

Christmas

ご近所さんを巻き込んで
ハロウィーンを楽しみます

仕事柄、いろいろな衣装を着てきたせいか、コスプレが大好きな私。その影響なのか、家族みんなも仮装が大好きです。ハロウィーンにはいつも行くコンビニや交番にご協力いただき、「子どもたちが来たらお願いします」とお菓子を預けておいて、配っていただいています。

Halloween

ガイコツの仮装。毎年、家族みんなでそれぞれのテーマを決めて仮装しています。

長男と次男は、大好きなゲーム「フォートナイト」のキャラクターをセレクト。

長女による、セーラームーンのコスプレです。実は私も着たことがあります。

長男と次男から「ゾンビになりたい！」と言われて準備。アマゾンで購入。

夫婦間の家事分担問題。夫の100%は妻にとっての50%。

とくに共働きの家庭にとって、夫婦間の家事の分担は大きなテーマですよね。わが家も例外ではありません。結婚当初は、私が仕事をお休みしていたこともあり、私が家事を100％担当していました。

「部屋は常にきれいにしておかなくちゃ」「食器は使ったらすぐ洗わなきゃ」と自分で自分にプレッシャーをかけていて、ストレスをためていたのです。もちろん旦那さんに、「家事は全部やってね」などと言われたわけではありません。あくまで自分で、「私がやらなきゃいけない！」と、勝手に思い込んでいました。

けれども子どもが2人、3人と増えるにつれて、「全部、私一人でやるのはとうてい無理だ」ということにようやく気づいたんです。これまでやっていた100を、80に減らすだけでも、精神的にも物理的にもとてもラクになりました。

たとえば部屋がどんなに散らかっていても「子どもたちが寝てから片づければいいや」と思っておくと、いちいち片づけなくてすむし、キー！　となることもなくなります。こういう「抜くルール」を覚えてから、心が断然落ち着きました。

旦那さんの感覚も、子どもが増えるたびに変わっていきました。最初は子どもと私が一対一だったので、私だけでどうとでもできました。しかも一人目は女の子だったので、兄弟に女子がいない旦那さんにとっては、接し方がいまひとつわからなかったよう。けれどもさらに一人増えて「片手じゃ足りない!」となり、3人に増えて「両手じゃ足りない!」となっていったんです(笑)。

そんな私を見ているうちに、旦那さんのほうから「手を貸そうか」というモードになっていきました。そこでどうしても手が回らなかったときに「手伝ってくれる?」とお願いしたら、本当に自然にやってくれて。「あ、やってもらうとこんなにラクなんだな」と私も気づいて、それまで勝手に感じていたプレッシャーから解放されました。

今では旦那さんは、掃除機かけや部屋の片づけ、洗い物など、頼めばなんでもやってくれます。でも「言えばやってくれる」のであって、言わないとやってくれないかもしれません……。ただ、そもそも私は家事が苦にならないタイプというか、自分できっちりやりたいタイプなので、旦那さんには物理的にどうにもならないときに頼ることにしています。

男の人ってたぶん、本人的には家事を100%やっているんです。けれども、女性側からすると50%にしか見えないことが多いと感じます。男性は「俺は100%、完璧にやっている」という自信にあふれているのに、女性からすると実のところそうじゃない、という(家事が得意な男性もいると思いますが)。そこで「その干し方だと、なかなか洗濯物が乾かないよ」などと女性に言われてしまうと、「こんなことやってられるか！」とふてくされてしまう。悪循環ですよね。

だから、何かしてもらったら、まずはそれに感謝。「ありがとう」と感謝されて、嬉しくない人はまずいません。きっと気分がよくなって、「またやろう」と思ってくれるはず……。さらに本人的には100％やっていることを踏まえて、「洗濯物のたたみ方、すごくきれい！」などとプラスすると、少しずつでも家事の分担がスムーズになっていくんじゃないでしょうか。

家事分担と子育て分担のバランス

私にとって、家事の分担より助かっているのが、子育ての分担です。料理を作っている間に宿題を見てくれたり、一緒に遊んでくれたり、三男の着替えをさせたりオムツを替えたりと、子どもたちのフォローをしてくれるのは、ものすごく助かっています。料理を作ってくれるより正直、ありがたかったりします。「家事は得意じゃない」と家事分担を負担に感じている男性は、育児方面で力を発揮すればいいのではないでしょうか。

旦那さんはそんなふうに日々、子どもたちに向き合っているせいか、子どもたちはみんなパパが大好き。とくに長男と次男のパパ愛はすごくて、いつでも「パパと遊びたい〜！」という感じです。だからコロナ禍の前には、私と長女と三男、旦那さんと小学生男子、というチームに分かれて出かけることもけっこうありました。ちょうど長女が思春期にさしかかっていた頃で、母親として長女とじっくり向き合う時間が持てたのは、とても助かりました。

それと、「ここぞ！」というときに旦那さんに注意してもらうのは、とても〝効く〟のです。私が言っても響かないときは旦那さんの出番。この点でもすごく頼りにしています。

本音や不満を旦那さんにうまく伝えるには

以前、友人たちと集まったときに、ある男性が「俺は家で何もしないよ。俺は働いているからいいんだ、むしろ俺に感謝すべきだ！」と発言して、そこにいた女性たちが全員ピクッとしたことがありました。みんな、いろいろ言いたいことを飲み込んだと思うのだけど、私は思わず、「子どもがいて、仕事が毎日できているのは、奥さんが家事や育児をすべてしてくれてるからこそでしょう？　女の人も頑張っているんだから、ちゃんと感謝し

なくちゃ！」と言ってしまいました。

その帰り道、旦那さんが「いつもありがとう」と感謝の言葉をかけてきたのです。

夫婦二人きりのときに、「頑張っているのは、男の人だけじゃないんだよ」「そうだよね。いつもありがとう」っていうような話って、なかなかしづらくないですか？　妙に重たくなってしまうし、なんだか恩着せがましくなるのも望んでいないし。

でもファミリーぐるみの付き合いの中で一般論として言えば、自然に本音を伝えることができるんだなと、このとき思いました。もしそんなチャンスがあったら、ぜひ逃さないようにしてください……。私もそうします！

2度の離婚危機を乗り越えて新たなステージに辿り着けました。

今でこそ大きなケンカをすることはなくなりましたが、私たち夫婦にも2度、離婚の危機がありました。

最初の危機がやってきたのは、20歳で長女を出産した直後です。私はホルモンバランスが不安定な状態で、体調もメンタルも絶不調。まとまった睡眠もとれず、いつもピリピリしていました。旦那さんはもちろん手伝ってくれようとするのですが、仕事で家にいないことも多く、授乳は私にしかできないし……と追い詰められていました。

周囲に親や友だちがいない状況だったこともあり、常に孤独でした。一対一で24時間、子どもと向き合うことがこんなにも大変だとは思っていませんでした。

当時はとにかく必死。いつもいっぱいいっぱいだったので、旦那さんは〝帰ってきて、ただ娘を可愛がっているだけ〟に見えたのです。子どもだけじゃなく、私のフォローやケアもしてよ！　と旦那さんに対する不満がたまっていくいっぽうでした。

こんなに頑張っているのに、と私が思うのと同じように、旦那さんも思っていたでしょう。仕事で疲れて帰ってきた途端、余裕のない妻に文句ばかり言われてしまう。うんざりするのも当然です。今ならわかるのですが、やっと娘が寝たところに旦那さんが帰ってきた音で起きちゃってギャン泣き……なんてときは、本当に頭にきていました。

この頃は旦那さんと衝突してばかり。「なんでわかってくれないの?」「なんで私だけがこんなに辛いの?」と、「なんで」「なんで」という言葉が止まりませんでした。でも私だけじゃなく、彼も辛かったのだと思います。お互い気持ちがすれ違ってしまい、会話すらほぼしない時期もありました。

その後、ブログを始めて「私は一人じゃない」と思えたことで、精神的に落ち着いていきました。すると自然と、旦那さんとの関係も改善されていきました。

結婚3年目。2度目の離婚危機

それから2年後に長男を出産。二人目ということで前回のようなパニック状態にはならなかったのですが、子どもが増えると、当然ながらしなければならないことも増えます。

今度は、以前と同じように育児も家のことも完璧にやらなくちゃ！ と自分を追い込んでしまったのです。さらに自分は母親なんだから、という自覚が生まれたことで変に強くなってしまい、旦那さんに上手に甘えることができなくなっていました。

「ちゃんとした母親でいなくちゃ」「できない自分が許せない」「弱いところを見せちゃダメだ」と、ますます自分で抱え込んでしまいました。夜泣きがなかなかおさまらない長男を抱っこしながら、一緒に泣いてしまった夜がたくさんありました。

そんな状態で旦那さんと話し合っても、お互い感情的になってしまうだけでした。後先考えずにぶつかって、傷つけ合ってしまったのです。

一方的に抱え込んだ私が悪かった、と今は思います。でも当時はそう思えなくて、「こんなに辛いなら、別れたほうがいいのかな」と考えるようになってしまいました。後から聞いたら、彼もその頃、同じことを考えていたようです。

離婚を覚悟しての話し合いで、新たなステージに

この状況はまずい。愛すべき二人の子どもたちもいる。私たちに必要なのはケンカではなく、落ち着いた話し合いだ、とそこはお互い同じ気持ちだったので、改めて本音で話し合うことにしました。

まずは私から、「母親になったから強くならなくちゃ、なんでも完璧にしなくちゃ」と思ってしまって、上手に甘えることができなくなってしまったということを一生懸命説明しました。そうしたら旦那さんが「俺も甘えてほしいと思っていたよ。よし、これからは、甘えていこう?」と言ってくれたのです。

この彼の言葉が、辛かったら彼に頼っていいんだ、と思えるきっかけになりました。たとえ完璧にできなかったとしても彼がフォローしてくれる、と一気に肩の力が抜けました。同時に、大切なのは母として完璧にこなすことじゃなくて、母親である自分がハッピーでいること。それが家族の幸せにつながるんだ、ということにも気がついたのです。そもそも〝完璧〟なんて人によって違うし、そこにこだわる必要なんてないんだ、と。

〝自然にくっつける関係〟だから甘えられる

私だけでなく、旦那さんのほうにも変化がありました。家事や育児に関して、それまで以上に手伝ってくれるようになりました。さらに、私が昔のように甘えられる関係に戻れるよう、意識してスキンシップをとってくれるようになったのです。

時々は、子どもを両親に預けて二人きりで過ごす時間を作ってくれたりもして、私も上手に甘えられるようになりました。今でも二人一緒に歩くときは、自然と腕を組んだり手をつないだりしています。これも彼のそうした気遣いのおかげです。

旦那さんとわが家の癒しの存在、三男とくっつくハッピーなひととき。

私の浮気防止術。

✔ 日常的に〝圧〟をかける。

✔ 完全に信じ切る。

夫婦二人とも芸能界で仕事をしているせいか、「旦那さんがモテそうで心配じゃないですか」などと言われることがあります。けれども、私は旦那さんに対して浮気の心配をしたことはないんです。

どんなに「旦那さんに浮気をされないようにしなくちゃ！」と頑張っても、人の心をコントロールすることはできません。だから浮気の心配をして一人で不安になるよりも、旦那さんと一緒に「お互いに努力して、いい家庭にしていこう」とか、「家族みんなの幸せのために頑張ろう」と思うほうがずっと前向きだし、理想的だと思いませんか？

そうして居心地のよい幸せな家庭ができあがっていれば、旦那さんが家庭の外に目を向けるリスクは下げられるはず。私たちは15年近くかけてそういう状況が作れていると思うので、彼が家庭の外に目を向けることはまずない、と信じています。

ただ同時に、私は常日頃から、旦那さんが浮気をしないように〝圧〟をかけています。いろいろな方の不倫がニュースになるたびに「なんでこんなことしちゃうんだろう。妻も子どもも仕事も、全部失うことになるのにね」とか、「もし、私がこの立場だったら、二度と旦那さんに子どもは会わせないだろうな〜」などと、浮気の代償を定期的に再確認させています。そんなとき、旦那さんからとくに反応はありませんが、私が牽制《けんせい》していることには気づいているでしょう（笑）。

旦那さんのスマホチェックはデメリットしかない

〝浮気疑惑〟の解明にスマホチェックはつきものですが、私は「旦那さんのスマホを見ても、何もいいことはない」と思っています。

以前、彼の女友だちに対してモヤモヤを抱いたことがあって、つい旦那さんのスマホを見てしまったことがありました。そこにはやましいことは何ひとつなかったのですが、私が把握していなかった遊びや仕事のスケジュールがいくつかあって、そのことにショックを受けてしまったのです。

「これって、どういうこと⁉」と旦那さんに問いただしたら、私が無断でスマホを見たことに激怒。そして「スマホを見てへこんだり怒ったりするなら、最初から見なければいいんだよ！」と言われて、本当にそのとおりだと後悔しました。

私自身は、旦那さんにスマホを見られて困ることはありませんが、できれば見てほしくないな、というスタンス。スマホはすごくプライベートなアイテムなので、やましいことがなかったとしても、あえて誰かに見せる必要はないと思っています。きっと彼もそうだと思うので、見てしまったことを反省しています。スマホを見る前に、旦那さんに直接確認すればよかったのです。

旦那さんのスケジュールは常に把握

子どもたちそれぞれが習い事を始めて、「夫婦どちらが誰の迎えに行くか」という段取りを組む必要も出てきました。そんなこともあり、わが家ではスケジュールを共有するようになりました。旦那さんのマネージャーさんから毎月のスケジュール表をもらい、彼がいつどこで何をしているかを把握できるようにしたのです。さらに歯医者やヘアサロンに行くなど、プライベートの予定もそのスケジュール表に加えてもらっています。

私のスケジュールはというと、「フルで外での仕事」ということはほぼなく、基本的には家にいるので、あえて旦那さんに伝えていません（笑）。

ただ私、異様にカンが鋭くて、誰かが嘘をついていたり隠しごとをしていたりすると、「これは怪しいな」とすぐわかってしまう。以前、なんかおかしい……と思って、病院からもらってきた領収書や薬袋の日付などをチェックしてみたところ、「やっぱりつじつまが合わない！」となったこともあります。

そんなふうにモヤっとした気持ちがわいたときは、どんな小さなことでも旦那さんに尋ねます。「あれ、20日って午前中に仕事があったよね。ほかにプライベートの予定は書いていないけど、この日の午後、どこかに出かけていたみたいだね、この時間って何をしていたの？」などと、ストレートに聞くようにしています。

たいていは旦那さんの勘違いや伝え忘れで、「ごめん、ごめん。ちょっと買い物に行ってた」という感じで解決するんですが、ついつい確認せずにはいられません。私に言えないようなことをしている、と疑っているわけではないのですが。

相手を信頼することが不安解消の近道

よく「もし彼が浮気したらどうしよう？」と悩んでいる人がいますが、そんなに先回りして心配する必要はないと思います。また「女の子と遊ばないで」「絶対に浮気しないで」という気持ちや言葉は、相手によっては束縛に感じると思うので、あまり言わないほうがいいんじゃないでしょうか。

それよりも大切なのは、相手を信じ切ること。本当に好きな相手に信頼されたら、人はなかなか裏切れないと思います（そして、そんなあなたを裏切るような相手はやめたほう

がいいのではないでしょうか……)。

私は旦那さんを全面的に信じているので、いつでも安心感に包まれています。〝不安〟や〝心配〟というネガティブな気持ちは、女性をハッピーから遠ざけてしまう。心配するのではなく思いきって信じてみたら、毎日幸せに過ごせると思っています。

夫婦とは、〝同志〟。

結婚して、今年で15年目。私たち夫婦の関係は少しずつ変化してきました。

私たち夫婦は、きっと仲がいいほうだと思います。でもそれは、家族として10年以上、一緒に過ごしてきて、お互いをわかり合えているからこそ。以前は相手の気持ちがわからなくて、「なんで怒っているの!?」と焦ってしまうことも多かったのです。今の関係は、そうした時代を経て、それぞれに変化してきた結果です。

今では「こういうときはこう対応したほうがいいな」「今これを言ったら、きっといやがるな」「機嫌が悪いのは、たぶんさっき私が言った言葉のせいだな」などと、相手の気持ちやリアクションが想像できるので、まったくケンカをしなくなりました。

お互いに年を重ねて人間的に大人になったことも大きいでしょう。さらに子どもの数も、夫婦仲の変化の大きな理由だと思います。若いときに結婚した私たちにとって、育児はとても大きな問題でした。子どもが増えていくにつれて、夫婦が同志として一緒に頑張って乗り越えていかないと、毎日がスムーズに回らないのです。

そもそも子どもが4人ともなると、一人だけではとてもやっていけません。お互いの存在の大切さが日々、実感できるようになりました。そうすると感謝の気持ちが生まれるし、愛も深まっていったと思います。

ときには感情的になることもあります。でもそれをそのまま相手にぶつけることはなくなりました。それで仲が悪くなってしまったら、まず物理的に困ってしまいます……。

旦那さんはより柔らかくより優しく。私は強くなりました

私がそう思えるようになったのは、旦那さんの人柄が大きいかもしれません。結婚して何年たっても、旦那さんは以前と変わらずとても友だち思い。そこに、家族への愛情が加わった感じです。旦那さん本人もそうですけど、周りの友人たちも本当に皆いい人で、私たちはすごく助けられています。

もちろん、変わったところもあります。旦那さんは結婚当初より、ずっと柔らかくなりました。話し方や顔つき、雰囲気など、すべてが優しくなったと思います。体つきは、だいぶマッチョになりましたけど（笑）。

私はというと……もう本当に、すべてが変わりました。そもそも、性格自体が変わったと思っています。

結婚する前は本当にか弱かったのです、私。一人では何もできないし、「誰かいないと寂しくて死んじゃう！」という、まるでペットのウサギ状態。常に「もっと私を助けて！」

カードや寄せ書き、花束を贈られた母の日。家族からの感謝の気持ちを受け止めて、お母さん、明日からも頑張ります！

と周りの人に頼りっきり。いつも誰かしらにくっついていました。

けれども年月が流れ、子どもを産むごとにどんどん「か弱い皮」がはがれていき、今ではいろいろな意味で強くなりました。きっとこれが、本来の私の姿なのでしょう。以前より生きていくことがすごくラクになったなと感じます。

もはや「私より強い人は、そうそういない」と思えるくらいです。苦手だった虫もまったく平気になりました（笑）。「家族に何かあったら、どう戦っていこうか」といつでも戦闘態勢に入れるようになっています。

子育てが終わって……次は孫育て？

旦那さんとは、「子どもたちが自立して二人になったら、いっぱい旅行しようね」と話しています。全国を回って、美味しいものを食べて、素晴らしい景色を見て、二人でのんびりしよう、と。

ただ最近、気づいてしまったのです。三男が高校生になる13年後は、長女はもう20代後半になっています。ということは私、その頃おばあちゃんになっているのでは？……と。

私が長女を産んだのは20歳。あと数年で娘がその年齢になるのです。

私自身が孤独な子育てを経験しているから、娘が出産するときは近くにいてあげたいと今から思っています。ということは数年後も、これまでと同じように抱っこひもを装着して赤ちゃんを抱っこしながら、忙しく動いているかもしれません。

旦那さんと二人でゆっくりするのが夢ではあるのですが、きっとまた赤ちゃんに囲まれる日々が待っているのでは、と想像している自分もいます。

そしてゆくゆくは、孫と原宿に行きたい。そのときの流行りものを教えてもらって、写真をガンガン一緒に撮って。一緒に遊べるおばあちゃんになるのが目標です。私自身は、若くしての結婚・出産でいろいろ大変なこともありましたが、その分、せっかくの若さを活かして(どうなるかはわかりませんが……)、子どもと孫と一緒に楽しみたいと思います。

旦那さんとは今後も一緒に、そのときどきの家族の形を作っていきたい。子どもが増えても、孫が増えても、私たちは一緒に頑張っていく同志だと思っています。そのために、相手を尊重して感謝すること。ずっとずっと、お互いがなくてはならない存在でありたいと思っています。

辻ちゃん、教えて!

子育てと暮らし 70問70答

1 今、幸せですか？》 はい、**幸せです。**

2 理想の母親像とは？》 **私の母。**

3 辻家はどんな家庭でしたか？》 両親と姉と……本当に、**フツーの家庭**だと思います。

4 子ども時代の自分に、ひとつだけアドバイスをするとしたら？》 大丈夫、**勉強だけがすべてじゃない**から！

5 10代の頃から働いてきたことを振り返るとどう思いますか？》 このお仕事しか経験していないのでほかの業界はわからないのですが、当時はすごく厳しい世界だなと感じていました。でも同時に、たくさんの人からお仕事だけでなくさまざまなことを教えていただけました。早くに結婚して子どもを育てているなかで、その**経験はとても役に立っています。**

6 結婚を決めたときの自分に一言アドバイスをするとすれば？》 **人生、山あり谷あり。**

7 気づけば母歴14年！ 振り返ってみてどうですか？》 本当に……早いようで長い、長いようで早い14年間。本当に濃い14年間でした。結婚して子どもがいなかったら、今の自分はいなかったと思うくらい、**違う人生は想像できません。**

8 いつも何時間くらい寝ていますか？》 **５時間**くらい。

9 気合が入らない朝、どうやってやる気を出しますか？》 顔を洗って**メイク**をして、**エプロン**をつけます。そうするとなぜかめっちゃ動ける！ それが私のスイッチみたいです。

10 家で一番好きな場所は？》 **キッチン。**

11 育児に仕事に忙しいのに、どうやって時間をやりくりしているんですか？ 》 その一日どう動くか、**前日夜**の時点で頭の中で計画を立てておきます。
12 疲れて何もしたくないときのごはんはどうしていますか？ 》 **そぼろ丼！**　子どもたちが大好きな鉄板メニューです。
13 得意料理ってなんですか？ 》 **煮る系。**
14 苦手な料理のジャンルはありますか？ 》 **炒める系。**
15 作りおきはしますか？ 》 するつもりで作っていても、たいてい**その日のうち**になくなってしまいます……。
16 子どもたちに人気のメニューは？ 》 **塩おにぎり（笑）。**
17 これがないと困る！　という冷蔵庫の定番は？ 》 **しらすと鶏の胸肉、牛乳５本。**あとはヨーグルトに納豆に……とくに牛乳は切らさないようにしています。
18 冷凍庫の定番は？ 》 **アイス**は一年中入っていますね。
19 スーパーは毎日行きますか？ 》 ２日か３日に１回ぐらい。業務用スーパーなどに車で行き、カートいっぱいに**買い込みます。**
20 一日にご飯は何合炊きますか？ 》 一食あたり四合なので**八合ですね。**ちなみにパスタは一食につき**２袋**必要です！
21 おすすめの家電があったら教えてください。 》 **家庭用浄水器の「Kirala」。**水道直結型のタイプで、タンクを交換することなく、いつでもめっちゃおいしい水が使えます。しかもコンパクトなんです！
22 子どもがいるとものが増え続けます。収納はどうしていますか？ 》 私、わりと**ものを捨てられる**ので、たまったら処分していきます。すでに捨てたものに対して子どもたちから「あれ、どこにしまったの？」と聞かれたら、「知らないよ～」と（笑）。
23 白いインテリアって汚れませんか？ 》 **汚れたら即掃除！**しているので、結果的に白じゃないときより清潔できれいになっていると思います。

辻ちゃん、教えて！

24ストレスはどうやって解消していますか？》 **ためこまない**ように、どこかで誰かにグチります。

25いつもパワフルで元気な理由を教えてください。》 悩み始めると、「悩むこと」しかできなくなるので、とりあえず**忘れる**ようにしていつも通りに過ごします。子どもがいることで気がまぎれてけっこうすぐ忘れられますね。

26友だちに求めるものはなんですか？　自分はどうありたいと思いますか？》 **求めるのは信頼。**友だちにとって、必要なときに一緒にいられる存在でいたい。

27何かに迷ったときはどうやって決断していますか？》 **直感です！**　自分を信じて（笑）。

28よくチェックするサイトや動画は？》**インスタとYouTube、アメブロ**はよく見ます。妊娠・出産、子育て系が多いかな。春は花粉情報チェックが毎朝のルーティンです。

29今、一番ほしいものは？》 麺類をゆでるとき、鍋を２つ使わないと間に合わないので、かっぱ橋道具街（東京・浅草）で売っているような**業務用の巨大な**ゴールド？の**鍋**がほしいです。

30一つだけ願いが叶うとしたら何をお願いしますか？》 メイクやヘアセットなど、「**何もしなくてもめっちゃ可愛い人**」になりたい。私、髪はくせ毛だし、いろいろ時間がかかるので（笑）。

31スマホのロック画面はなんですか？》**家族６人の写真。**

32ついポチってしまうものはなんですか？》 娘がパックや洗顔フォームなど、美容系のものをしょっちゅう「買って」と頼んでくるんです。お願いされるとついつい買ってしまう……。旦那さんとついこの間も話したのですが、じつは私たち、**娘に一番甘い**かもしれません。

33写真を撮るときのポイントは？》 **リングライトを２個使う**ときれいに撮れます。写真アプリは使わず、スマホのノーマルなカメラで撮っています。

34写真を撮られるときのポイントは？》 ちょっとでも**脚を長く見せたい**、と思いながらポーズを考えて写っています！

35いつもバッグに必ず入っているものはなんですか？》 **エコバッグ2つ。**

36忙しい中、美容で気をつけていることはなんですか？》 子どもが小さいと美容院やネイルサロンに頻繁に行けないので、自分で**こまめにケア**をしています。髪の根元が伸びてきて色が2色になると「疲れてる感」が増す気がするので、そこはとくに気をつけています。

37体型維持の秘訣を教えてください！》 運動はほとんどしていなくて、体を動かすのは子育てと家事くらい。ただ、**昔鍛えた筋肉が今でも「いる」**んです（笑）。お腹はすぐカチカチにできるし、たぶんもともと筋肉質なんだと思います。

38服選びのポイントは？》**「丈」と「直感」です。**ちなみに暖かい時季は自転車で動くことが多くなるので、動きやすいパンツスタイルが多くなります。

39どういう女性像が理想ですか？》 この間、テレビで15人家族の特集を観たのですが、そのお母さんとお父さんがほんとにカッコよかった。新生児から20歳くらいの子どもが13人いて、早朝に子どもたちを送り出してから夜中まで家事や授乳などをずーっとしているんです。でも**全然辛そうな顔を見せないし、身だしなみもちゃんと**していて。その姿を見て「私、全然まだまだだな～。頑張ろう！」と思いました。

40お姑さんとはどんな関係ですか？》 自分の母よりも相談しているくらいなので、**仲はいい**ほうだと思います。「ちょっと聞いてくださいよ～」って、旦那さんのグチもよく言っています(笑)。

41旦那さんのいいところはどこですか？》**やさしいところ。**夫としてホント、最高です。

42旦那さんに直してもらいたいところは？》 **寝ながら靴下**

辻ちゃん、教えて!

を脱ぐところ。あと、服装はもうちょっとだけ気にしてほしいかな。この間も不思議な色のタンクトップを着ていました(笑)。

43仲のいい夫婦でいる一番のコツはなんですか?〉〉 たとえば、ちょっとムカつくな、と思っても、**普通のトーンで話す**ようにすること。今では「これは言わないほうがいいな」「これは言ったほうがいいな」ということが察知できるのですが、"お互い我慢しつつも我慢しすぎず過ごす"ということが大事だと思います。

44旦那さんとはなんでも話し合うほうですか?〉〉 **話し合っているほう**だと思いますが、「すべて話すのか」と言われるとそうではないですね。

45二人の未来像ってありますか?〉〉 三男が生まれる前は「**子育てが終わったら日本中を旅しよう**」とよく話していました。3人の子どもが小学生になって、その日があまり遠くない気がしていたところに三男が誕生。「私が40歳を過ぎる頃まで、二人で長く家を空けられる日はこない」という状況になったので、旅計画はどうなるかわかりません!

46杉浦家の教育方針はなんですか?〉〉 第一には「**自由**」でしょうか。

47子どもを産んで一番変わったことは?〉〉 **体が丈夫になりましたね。**仕事をしていた10代の頃は、よく熱を出していました。何回注射や点滴で針を刺されたかわからないぐらいなのですが、今はまったくなくなりました。

48子どもが4人いてよかったなと思うのはどんなとき(こと)ですか?〉〉 4人いるからというよりも、「**きょうだいっていいな**」と思う瞬間がたくさんあります。長女は一番下の子の面倒をよく見てくれるのですが、子どもたち2人が遊んでいる光景を見ると、「ああ、いいな」とすごく和みます。上の子と下の子の歳が離れていると子育て期間は長くなりますが、その代わり、大きいお姉ちゃんがいることですごく助かっています。

49子どもを見ていて自分と似ていると思うところはありますか？》 **日々感じています**が、娘の性格はほぼほぼ私（笑）。長男は私に顔が似ています。次男、三男に関しては、旦那さん似なのかな、今のところはとくにないですね……（笑）。

50ママ友はたくさんいますか？》 **多くもなく、少なくもなく、**です。知り合い程度のママ友から、家族みたいな間柄になっているママ友を超えた友だちまで幅広くいます。

51子どもの友だち関係で悩みはないですか？》 以前は男の子同士でもめて何かを壊す、なんていうことがありましたが、**今は落ち着いています。**長女はうまくトラブルをかわせるタイプなので、女の子同士のもめごとで悩んだことはないんです。

52PTA役員をしたことはありますか？》 学年委員は何度か経験していて、**今期もやっています。**

53杉浦ファミリーはどんな家族ですか？》**騒がしい**家族（笑）。

54子どもたち４人のいいところをそれぞれ教えてください！》
上の３人は、根は**すごく優しく育って**くれているなと思っています。三男の幸空はまだわからないですが……。中学２年生の長女は、今はちょっと難しい時期に入っていますが、なんだかんだ弟たちのことを気にして、可愛がってくれています。高校生や大学生になったら、もっと優しいお姉さんになってくれるはず。長男は一番やんちゃです。次男は優しさのカタマリ。自信に満ちあふれていて誰からも好かれる性格です。三男は「末っ子！」という感じ。家の中では強い立場にいるのですが、外に出るとけっこうビビりです。

55もっと子どもはほしいですか？》 **……はい。**

56子どもにスマホを持たせていますか？》 うちは小学高学年になったら持たせています。そのくらいから一人で行動することが多くなるし、LINEなどで文字を打ってやりとりすることを早いうちからやっておくのはいいかな、と。とくに次男は本当に字が覚

辻ちゃん、教えて！

えられなくて……でもスマホを通して多くの言葉に触れ、**語彙力がアップ**しました。

57ゲーム、スマホは制限時間などのルールを決めていますか？》 **きっちりとは決めていません。**ただ、「やるべきことをやってからやる」ということと、「終わりって言われたら終わりにする」ということは守らせています。

58子どもの忘れものをなくすためにしていることは？》 学校の支度を私が手伝うことはありません。連絡帳をチェックして用意すべきものの把握はしておいて、いっこうに用意しないようなら、「明日、持っていかなきゃいけないものがあるんじゃない？」と言いますね。でも、忘れて怒られて反省して、**自分で気をつけて用意する**ようになるのが理想的だと思っています。

59子どもの宿題、どうやってやらせていますか？》**「いつやるの？」**と時間を尋ねることで、やる気を促します。旦那さんがいると勉強を見てもらえるのですが、いないと大変！　やり方を調べながら、必死で教えています。

60子どもたちにどんな習い事をさせていますか？》 三男以外はみんな喘息ぎみだったので、**プール**に通っていました。コロナ禍の前までは体操教室やパソコン教室にも通っていましたが、今は休止中。**ダンス**は３人ともずっと続けています。

61子どもを叱るときに気をつけていることを教えてください。》
子どもの年齢によっても、その子どもの性格によっても変えています。普通に叱って反省する子もいれば、冷静になってから話し合わないと響かない子もいる。**その子に合った叱り方**をしないと全然効かないなと思います。

62子どもの食の好き嫌いはどう克服しましたか？》 **家庭菜園の効果**は大きかったですね。お店で買ってきたものだと苦手でも、自分で作ると不思議と食べる気になってくれます。一緒にごはんを作るのも大切だと思います。

63子どもそれぞれ好みが違う場合、献立はどうしていますか？》》
毎回、それぞれの好みで分けて作っているわけではないのですが、「これだけじゃこの子はご飯を食べないな」などと**予想して献立を組み立て**ています。

64遠足や運動会のときのお弁当はどういうものですか？》》 卵焼き、ウインナー、唐揚げ、野菜の肉巻き……**定番のお弁当**です。結局、それが一番好きなおかずなんですよね。

65もし子どもが芸能人になりたいと言ってきたら？》》 前は「できれば芸能界には入ってほしくない」と思っていました。私自身が芸能界でお仕事をして、メンタル的にも体力的にもキツいことがあったし、SNSがある今はもっと大変だと思うので……。でも最近は**「それは親が決めることじゃないな」**と思うようになりました。私の経験を話したうえで、それでもやりたいと言うなら応援します。

66子どもたちに「これだけはやめてほしい！」と思うことは？》》
長男がお風呂のときにバスタオルを３枚使うこと。**あれは本当にやめてほしい！（笑）**

67子どもたちから解放される時間、何をしていますか？》》 次のごはんを作って、動画の編集をして、洗濯をして……基本的に何かしら**家のこと**をやっていますね。

68子育てで一番ツライこととは？》》 **子どもが体調を崩したとき。**

69子どもたちの将来に期待することとは？》》「大成功してほしい」とか、ものすごい期待をかけてはいません（笑）。**いつも周りに人がいてくれるような子**であってほしいということと、自分に自信をもって、楽しみながらできる仕事についてほしいと思っています。

70子育てに悩むママたちにエールを！》》 **悩むのは愛があるから。**一緒に楽しみながら育児をしていきましょう！

Chapter 2

わが家の子育て

子どもたちとこんなふうに向き合っています。

反抗期

子どもと適度に向き合う。子どもの現状を認める。

イヤイヤ期にギャングエイジ、そして反抗期。私も子どもへの対応には悩んできました。

まずは、2歳くらいでやってくるイヤイヤ期。この時期の彼らは「イヤ!」と言うのが口癖みたいなものです。ただそう言っているだけのことであって、「すべてがイヤなわけではないんだな」、と今ではわかります。

わが家では今、ちょうど三男がイヤイヤ期に突入しました。「オムツはくのイヤ!」「洋服着たくない!」「靴はかない!」と、何もかもがイヤなよう。ただ、家の中ならば、オムツをはいていなかろうが洋服を着ていなかろうが別に構わないかな、と思っています。寒くなったり着たくなったりしたら着るだろうし、と。ごはんについても同じ状態です。「イヤ!」と食べないこともありますが、お腹がすいたら自分から食べていますから。

だから子どもと向き合いすぎない、ということも大切だと思います。ある程度は好きにさせておいていいな、と。そうでないと、こっちがもちませんからね。

そんな私も一人目、二人目のときは、とてもそんなふうには思えませんでした。毎日、育児書をチェックしては「ああ、まだ寝返りできていない」「大丈夫かな、ハイハイ遅すぎないかな」などと、いちいち心配していました。離乳食も本に書いてあるとおりに毎食作っていましたし。

「育児は本の通りにはいかない、その子はその子なりにちゃんと育つ！」と思えたのは、3人目から。そこからやっと楽しみながら育児ができるようになりました。上に子どもが二人いての出産&育児だったのでやることは格段に多かったのですが、やはり心に余裕が出てきたのだと思います。

二人を育てていくなかで、「男の子だから」「女の子だから」ということではなく、「その子だから」ということなんだなとわかったのも大きかった。さらに3人目でそもそも同じ男の子でも全然違うじゃん！　と実感できたことで、育児本に振り回されなくなりました。

イヤイヤ期よりずっとやっかいなティーンの反抗期

というわけで……イヤイヤ期なんて今や可愛いもんだなあと。イヤイヤしたいのならすればいいです。ぜんぜんウェルカムです（笑）。それより大変だったなと思うのは、思春期の反抗期です。長女は今年、中学2年生になったのですが、去年はかなり大変でした。

小学校を卒業して中学生になると、本人的に「ちょっと大人になって、自立した」という気持ちが芽生えるよう。大人から見るとまだまだ中途半端な年頃なのですが、「もう私は一人前！」という意識がすごく高まっていました。そんな彼女は、小学生時代と同じよ

うに接してくる私に、どうも違和感を覚えていたようです。私が「こうしたほうがいいよ」「もう寝る時間なんじゃないの」などと言っても、まったく受け入れてくれませんでした。娘からすると、「なんでそんなことまで親に言われなきゃいけないの。もう中学生なのに」という気持ちだったのでしょう。

中学生になった途端、急に態度が変わったので親としてはビックリ。最初は「えっ?」とフリーズして、すぐには対応できませんでした。どうしたらいいのかわからないから、「だから、6時までに帰ってきてねって言ってるじゃん!」などと感情的になってしまったこともありました。そしてその時間通りに帰ってこなくて心配する、という悪循環に。

長女が小学校の頃は、幼稚園から一緒だったママやご近所など、お友だちの親御さんとの付き合いがありました。けれども中学校のお友だちとなると、親同士の接点がほぼありません。だから遊びに行っても、誰とどこで遊んでいるのかまったくわからないのです。こちらとしては心配して「どこにいるの？　誰と一緒？」と聞くのですが、それが娘にとってはすごくイヤだったようで、「中学生になったのに、いちいちなんで？」と、お互い平行線のままでした。

今考えると、「私が質問攻めにしたのが悪かったんだな、もっと信頼してあげたらよかったんだな」と思うのですが、そのときは私も必死でした。「中学に入ったら、こういう子と遊んでほしいなあ」などと、さりげなく私の希望を伝えてみたりもしたのですが、これが見事に逆効果。新しいお友だちができたとしても「どうせ言っても反対されるんでしょ」という感じで、あまり話をしてくれなくなってしまったのです。

今から恐怖！　やがて来る男子たちの反抗期

そんなバトルな日々がしばらく続いていたのですが、「子どもって、親に否定されればされるほど反抗するんだ」ということが少しずつわかってきました。そこで「新しくできたお友だち、今度ウチにつれておいで」と提案してみました。その後、仲のいいお友だちがよく遊びに来るようになり、娘の態度も柔らかくなっていきました。

反抗期の子どもは本人なりの自立心が高まっているので、親が何か反対したり意見を言ったりするときは、まずはその子の現状を認めてあげる。そのうえでそれに対して反対する理由をちゃんと伝えることが大切なんだ、ということを学びました。

勉強などのやらなければいけないことも同じ。頭ごなしに「やりなさい」と言っても、ぶつかり合うだけなので、彼女なりに頑張っていることをまず認めるようにしました。そんなこんなで、娘との関係は今はとても落ち着いています。

むしろ今から恐怖なのが、3人の男子たちの反抗期！　今はまだ反抗といっても可愛いものなのですが、数年後には「うるせ～よ」とか言われてしまうのでしょうか……。私には男兄弟がいないし、旦那さん兄弟は反抗期がなかったらしいのです。まったく未知の世界がこれからやってくるのかと、今からちょっとおびえています。でも家族みんなで乗り越えられると信じています！

きょうだいゲンカ

ケガをしてもさせても、家庭内なら問題ナシ。

わが家では、しょっちゅうきょうだいゲンカが繰り広げられています。とくに、年が近い二人がよくぶつかっています。

中学校2年生の長女と小学校5年生の長男、それから長男と小学校3年生の次男、の組み合わせが多いです。一番上の長女と一番下の二歳児は、さすがにケンカにはなりません。長女と次男も、なぜかあまりぶつかることはないようです。

子どものケンカの原因ってたわいのないものばかりですが、たとえば長女と長男の場合、長男がいきなり部屋に入ってきた、といったことから始まります。長女としては、誰かに勝手に部屋に入られるのがとにかくイヤなようで、友だちが遊びに来ているときは、とくにイヤがります。長男は一緒に遊びたいと思っているだけなのですが、長女にとってはそれが邪魔のよう。それで「出てけ〜！」となってドアを閉め、長男がそのドアに手を挟んで「ギャ〜!!」(苦笑)。

そういうケンカは、毎日のように起きています。

長男と次男のケンカは、以前にくらべるとずいぶん落ち着きました。でも、なんだかんだ、飽きずに争っています。二人で同じ部屋を使っているのですが、一緒にゲームをしては、ゲーム上の戦いでやられたほうが怒ってリアルに手を出してしまう、というのがいつものパターン。長男と次男の部屋ではよく枕が飛び交っています。

ケンカでテレビが壊れたこともありました

まだ三男は、誰かとケンカをするということはありません。ただし、わが家の誰よりも強い（笑）！　ブランコに乗りたいと思ったら、誰が乗っていても三男は絶対にどかします。ごはんやおやつをまず取るのも三男です。でも、年が離れているからでしょうか、三男に何をされても、上の子たちは怒ったり手を出したりはしません。

ただ、私に「幸空にブランコを取られた〜」などと訴えには来ます。そういうときは「ヨシヨシ」という感じでフォローするのですが、最近では、男の子同士のケンカに仲裁に入ることは少なくなりました。昔はしょっちゅう仲裁に入っていたのですが、今はとりあえず放置。二人の間で解決できるのがベストだと思うので、様子を見守ることが多いです。

また、近頃では取っ組みあいのケンカは減ってきたので、ちょっとラクになりました。昔は気づくと、どちらかが鼻血を出していましたから……。〝戦いごっこ〟をして遊んでいるうちに本気になりケンカになる、という流れです。その当時は、「本気になっちゃダメ！」ということと、「周りをちゃんと見なさい！」ということをひたすら言っていた気がします。

きょうだいゲンカが原因でテレビが壊れたこともあります。しかも2台。オモチャの武器がぶつかったり、子どもたちがぶつかったりして映らなくなってしまったのです。わが家の男子は、ケンカでもなんでも、夢中になると周りが見えなくなるようです。

ケンカの最中に怒っても効果は期待できません

きょうだいゲンカを見ていて、「明らかに、これはこの子が悪いな」というときは、もちろんしっかり叱ります。ただ子どもって、大人がきつく怒れば怒るほどこちらの言葉が入っていかないよう。「ママが怒ってる。以上！」でどうも終わってしまうんです。

なので、頭に血が上って「キ～ッ」となっても、そのときに言うのではなくて、冷静になってからのタイミングで話すようにしています。大人が突発的にカーッと怒ってしまうと、子どもも一緒にカーッとなってしまうだけ。ケンカをしている最中に怒るのは意味がないな、ということを数々のケンカを通して学びました。

少し前までは、「さっきのケンカのことだけどさ」と話しかけても、「さっきってなんだっけ」という感じで、反省の効果があまりありませんでした。でも最近は、自分がしてしまったことは覚えているし、悪いことをしたということが理解できているので、冷静に話し合えています。「さっき、なんでママが怒っていたかわかる？」と聞くと、ちゃんと反省の言葉を口にするようになりました。お互いが普通の状態になって振り返ると、子どもたちは反省して「ごめんなさい」が言えるようです。

旦那さんも私と同じようなスタンスで、はじめは「またケンカしてるな〜」と、とりあえずは見守っています。そしてどちらかが泣いたり、ケガをしそうだったり、なかなかおさまりそうにないときは様子を見に行く、という感じです。

基本的にわが家は、きょうだいゲンカは「どんどんしていい」という考え方。ケガをしてもさせても、ものを壊しても家庭内なら問題ナシ！　きょうだいゲンカを通じて「人からぶたれたらこんなに痛いんだ」「このくらい加減しないと相手はケガしちゃうんだな」ということを学んでほしいと思っています。

辻ちゃん、教えて!

わが家のケンカルール

- ✔ 家庭内ならケンカしてもいい
- ✔ 解決はなるべく当人に任せる
- ✔ ケンカの最中には怒らない
- ✔ 反省会は落ち着いてからしっかりと

子ども同士のケンカやトラブルは、基本的に“放置”です。旦那さんも同じ考えで、あまりにもエスカレートしたとき、明らかにどちらかが悪い場合に限って間に入り、落ち着いてから反省会をします。頭に血が上っている状態だと、「ママが怒ってた」という記憶だけで終わってしまうので、時間を置くのは大事。長男と次男でも叱り方を変えていますが、なぜダメなのかの理由は必ず伝えるようにしています。とはいえ、思春期真っ只中の中学生の長女にはストレートに叱ると逆効果。「そういう対応、ヤバくない～？」などと笑い半分、注意半分で指摘するようにしています。

勉強ぎらい
熱中できる〝何か〟があれば、勉強はできなくてもいい！

私が小学校の頃に得意だった科目は、体育。算数も国語も理科も社会も、勉強はすべて苦手でした。一応、授業は聞いていたはずなのですが、何も覚えていません。テストの点数もひどくて、今でも記憶に残っているのが、都道府県名を書く社会のテスト。まったくわからないくせに、全部の欄を埋めたのです。でもじつは自分の知っている漢字をただ並べただけ。たとえば秋田だったら「明太」、滋賀だったら「四画」とか、めちゃくちゃです。知っている漢字だけでできあがった日本地図を前に、家族でお腹が痛くなるほど笑いました。

とはいえ、学校は好きでした。勉強は苦手でしたが、スポーツはなんでも得意だったのです。両親から「勉強しなさい！」と厳しく言われた記憶がないかわりに、運動会とかバレーボールの大会ですごく応援してもらったことをよく覚えています。

そんなおおらかな両親のもと、私は勉強ができなくても叱られることなく育ってきたので、「勉強がすべてではない」という価値観をもっています。子どもたちが医者や弁護士など、一生懸命勉強して大学で学ぶことが必要な職業を目指すならもちろん応援しますが、ウチの子どもたちは、今のところそこは目指していないようです。

なので、子どもたちの成績について、わが家はかなり寛容です。その子なりに頑張っているなら、テストの点数が悪くてもまったく怒らないし、そもそも気にしません。

テストが返ってきたときに当然チェックはしますが、そのときは「なんで、こんな点数なの～!?」「ちょっと、何この新しすぎる漢字～!?」なんて笑いながら、正しい答えに直させています。

ただ、宿題はなんとしてでもやらせるようにしています。私自身はまともに宿題をやってこなかったのですが、その場はよくても後からそのツケが回ってきました。漢字にしても作文にしても、宿題には意味があると今ならわかります……。

放課後に一人居残ってたまった宿題を強制的にやらされたこともよくありました。勉強って、イヤイヤやってもまったく頭に入ってきませんよね。だから子どもたちにしても、本人が少しでもやる気を見せたら、タイミングを逃さないように、すかさず声をかけるようにしています。

宿題をさせるために編み出した〝ゲーム感覚〟の勉強法

外出自粛期間中、子どもたちに勉強をさせるために皆さんはどうしていましたか？　私は子どもと競争することで、やる気を出させる作戦を考えました。たとえば、「動画の編集作業と宿題、どっちが早く終わるか勝負しよう！」と、ゲーム感覚で一緒にやってみたり、タイマーをセットして、「タイマーが鳴るまでに終わらせよう！」と時間制限を作ってみたりして、時間のメリハリをつけることで、勉強に飽きないようにしました。

ただ、子どもたちを見ていると、「勉強をしているようでしていない」ときも。漢字の練習をしているように見えても、覚えようとして書いているのではなく、ただ「写しているだけ」という感じで、テレビを見ながら「この漢字、なんて読むの？」と言ってくることもあります。そんな取り組み方をしているので、今後、彼らがどこまで期待できるのかは未知数です。

「何も言わずに見守る」のは、本当に難しい

そんな子どもたちのなかで唯一、理科や地理などの分野が得意なのが長男。図鑑や動画サイトで、宇宙や虫、植物、人体の仕組み、みたいなものをよく見ているせいかもしれません。次男はとにかく文字関係が苦手で、「音読、めんどうくさい」といつも文句を言っています。でも、お友だちが読んでいるのを聴いて、音で覚えているようです。だからでしょうか、「テレビを見ながらでも音読ができる」という、謎の現象が起きています……。

長女はというと、本人的には「勉強しているつもり」のようです。ただ見ていると、教科書は開いていても、しょっちゅうスマホをチェックしていて、「じつは勉強してないじゃん！」という状態です。以前、それをそのまま彼女に言ってしまったら逆効果だったので、今は「私は悲しい」作戦をとっています。「勉強してないじゃん。ダメじゃん」ではなく、「もうちょっと頑張ってくれると嬉しいな。今のままだと、お母さんは悲しいな」と伝えるようにしています。この作戦、けっこう効果的です。

そもそも私は勉強だけできてもしょうがないという考えなので、たとえ勉強ができなくても、ほかに打ち込む何かがあれば全然いいと思っています。ちなみに娘は今、ダンスをすごく頑張っていて、私よりずっと上手なんですよ。

そうそう先日、長女が朝からノートとペンを出して、学校に行く前に英語の勉強をしていたのです。私はすごく感動して、「えらいじゃ〜ん！　何か作って差し入れしてあげる！」となりました。なぜ突然やる気になったのかは謎ですが、またそんな気持ちになってくれるように見守っていきたいですね。口を出さずにただ見守るのは、じつはすごく難しいなと思いつつ。

辻ちゃん、教えて！

子どものやる気を引き出す作戦

✔ タイムを測って競争させる

「私がごはんを作り終えるのが先か、（長男と次男が）宿題を終わらせるのが先か!?」など、私と競争しながら取り組むのが今のところ一番効果的。勉強や宿題はリビングでやるほうがいいと聞いたので、子ども部屋ではなく、私の目の届くリビングでやらせています。

✔ 宿題レースの勝者にはご褒美を

タイムを測りながらやることで、ボーッとせず集中して取り組むことができていますが、「できればやりたくない」と思っているのは見え見えなので、ちょっとしたご褒美を用意することも。先に宿題が終わったほうに、「アイス、食べていいよ」などと言っています。

✔「行ってきます」でスイッチオン

子どもたちの朝の起床問題。とくに長男はなかなかスイッチが入りません。起きてこないときは、引きずってでもリビングに連れてきます。そして「行ってきます」をしっかり言うのがわが家のお約束。しぶっているときは「行ってらっしゃい！」を何回も言い続けます。

きょうだい育児

きょうだいが多いメリット。
①気遣い上手になる。
②自立心が芽生える。

育児は何人でも大変なものですが、4人ともなると、人数が増える分だけやることも増えるわけなので、当然大変になります。でも同時に「きょうだいが多くてよかったな」と思うこともたくさんあります。

上の子が下の子の面倒を見ていたり、きょうだいで会話していたりする様子は、すごく微笑ましい。お姉ちゃんやお兄ちゃんが三男を膝にのせてテレビを見ていたりすると、嬉しくて思わずニヤニヤしてしまいます。

また、人数が多いきょうだい〝あるある〟かもしれませんが、たとえば、冷蔵庫に1個しかプリンがなかったとき。「これ、食べちゃっていいのかな」「何等分にすればいいんだろう?」などと、自分以外のこと、家族のことを考えながら行動できるようになってきます。そういう気遣いが自然とできるようになったのは、きょうだいが多いおかげじゃないかと思います。

子どもが4人いると、お母さん（私）がやらなければならないことは、次から次へと出てきます。週末なんて、一日中洗濯機を回しては干し、一日中ごはんを作っている……という感じ。平日にしても、家事に仕事にやることが多すぎるので、子どもたちのことを何もかもやってあげるのはそもそも不可能です。結果的に、子どもたち自身が「自分のことは自分でやらなきゃ」と思うようになります。そういう自立の精神が身につくのもきょうだいが多いことのメリットかもしれません。長女は、下に弟たちがいることで、彼らの面倒を見てくれるだけでなく、自分のことはほぼ全部自分でやるようになりました。

毎日頑張れるのは子どもたちや旦那さんの嬉しい言葉があるから

子育てをしていてたまらない瞬間に、子どもたちが言ってくれる嬉しい言葉があります。コンビニのおにぎりや買ってきたお惣菜を食べたりしたときに、「ママが作ったやつのほうが美味しい」と言ってくれたり。とくによく言ってくれるのが、長男と次男です。本人たちがどう意識しているかはわかりませんが、ママをよく褒めてくれます（笑）。そういう言葉があるから、「今日もごはん、頑張って作ろう！」と思えるんですよね。

そんなふうに努力が報われる瞬間というか、励まされる言葉がないと、毎日毎日、お母さんなんてやってられません（笑）。旦那さんも「いつも、家事や育児をありがとう」などとあらたまって言うことはないですが、「ありがとう」という感謝の言葉をたくさん言ってくれます。

ごはんを食べるときに「マヨネーズ、どこにある？」と聞かれて「冷蔵庫のトビラのポケットの中にあるよ」と答えると、「ありがとう」と返ってきます。どんなささいなことにも必ず「ありがとう」と言ってくれます。これって意外とできそうでできないことだと思いますし、そんなパパの姿は子どもたちにもいい影響を与えてくれていると思います。「ありがとう」という言葉には、すごくパワーがあります。いろいろなことがいい感じに回っていく、魔法の言葉です。

ちゃんと相手に感謝するというのは、簡単に思えるけれどじつはけっこう難しい。彼の「ありがとう」には日々とても救われているので、私からもいっぱい贈るようにしています。

column2
Annual Event

誕生日パーティは
腕の見せどころ。
バレていてもサプライズ！

毎年、深夜や子どもたちが学校に行っている間に
バルーンで飾り付けの“仕込み”をしてパーティを開催！
誕生日恒例となっているので、もはやサプライズではないけれど、
みんな「今年のバルーンは何かな？」と楽しみにしています。

部屋のデコレーションはバルーンで盛り上げます

ゲーム好きの長男、青空の10歳の誕生日はゲームコントローラーモチーフのバルーンでお祝い。

長女、希空の13歳のお祝い。バルーンはサイズ確認が大事。予想外のサイズで驚いたことも。

Decoration

三男、幸空の１歳の誕生日。初めての誕生日は毎月撮りためておいた写真を飾ります。

バルーンはアマゾンで購入しています。たとえば、「バルーン　誕生日」「バルーン　男の子」「バルーン数字」などと検索して探し出します。バルーンはストローで膨らませているのですが、これが意外と大変。とくに細かい形状のものが辛いので、最近は数字やモチーフだけバルーンにして、「HAPPY BIRTHDAY」の文字は紙製のものにすることが多いです。

バースデーケーキには
デコクッキーをトッピング

長女12歳のときのケーキ。スイーツデコレーターの岡田あいさん（＊）にお願いしました。

トーマス好きの三男２歳の誕生日ケーキ。自家製のケーキに友人お手製のクッキーで飾り付け。

Birthdaycake

私の母のバースデーには、いろいろなケーキを買ってきて円形に並べ、クッキーをトッピング。

クリームをひたすら絞って作ったケーキは次男の６歳の誕生日に。

スポンジとフルーツで飾ったケーキを手作りして、そこにデコクッキーをのせる、というのがわが家のバースデーケーキの定番でしたが、最近はお店にまるっとオーダーすることも増えました。＊現在、岡田あいさんは個人オーダーを受け付けていませんが、作品はインスタグラムで見られます。
（AI OKADA　https://www.instagram.com/p/B5XeTOfnyQn/?igshid=jm08907gs4c）

子どもたちの
好きな食べ物だけ！を
この日は叶えてあげます

長女のバースデー。ピザやお寿司は出前でとって、唐揚げやサラダなどをプラス。

三男が大好きなトーマスをカレーに！

手巻き寿司もわが家のごちそうの定番。ちなみに節分の恵方巻きもこの手巻き方式です。

ぎょうざはホットプレートで。どんなにたくさん作ってもあまることはありません。

Party menu

おこづかい

わが家のおこづかいは変動制です。

皆さんは、子どもたちのおこづかいをどのようにしていますか？

わが家では、小学生以下の3人の息子たちには、まだおこづかいをあげていません。子どもだけで出かけるということがほぼないので、自分でお金を使うシーンがないからです。小学生といえば「友だちと駄菓子屋さんで買い食いをする」というイメージが私にはあったのですが、最近は学校から「子どもだけでお金を持ってお店に入るのはダメ」と言われるのが一般的のよう。ですからお菓子が食べたいときは、私の買い物の際に一緒に買って家で食べるようにしています。

一応、長男と次男は自分の財布を持っていて、お年玉をもらったときなどはそこに入れています。その金額は、学年ごとに「一年間でだいたいこれくらい使うだろう」と考えてあげていますが、財布の中身はほとんど減りません。もう「オモチャがほしい！」という年でもないし、あまり使い道がないんです。普段、彼らはどこに財布がしまってあるかすら気にしていないと思います。

長女は中学生になってからおこづかい制に

わが家ではおこづかいは中学生になってから。長女はそこで初めてお金を自分で管理するという自由を手に入れました。洋服を買ったり友だちとランチを食べたりして「金欠だ〜」などとよく言っていますね。長女には毎月のおこづかいのほか、お年玉も親戚などからいただいた分もすべて渡すようにしていますが、それがなくなってしまったら追加で与えることはしていません。使えるお金の範囲でやりくりすることを、身をもって覚えてほしいと思っています。

長女も小学校の頃は今のボーイズと同じで、まったくお金を使わない生活でした。学区外に出ちゃいけないという決まりがあったので、行動範囲がかなり狭かったのです。そもそも近所に駄菓子屋さんなどがなく、コンビニくらいしかありません。当時はそのコンビニすらほとんど行かない生活をしていました。

それが中学生になったとたん、〝Ｓｕｉｃａ〟さえあれば、電車に乗ってどこへでも出かけられるんですから、それはそれは楽しいようです。「誕生日プレゼントに何がほしい？」と聞いたら、「〝Ｓｕｉｃａ〟にチャージ！」って即答されたくらいです。「え〜、プレゼントが交通費〜!?」と衝撃を受けました（笑）。

家にひきこもり始めたら〝金欠〟のサイン

わが家のおこづかいは、毎日の生活態度によって金額が変動します。テストの点数などの結果ではなくて、彼女なりにどのくらい頑張っていたか、がチェックポイント。親に対する態度など、すべてひっくるめて金額を決めています。そうすることで「ラクしてお金はもらえない」ということをわかってもらいたいのです。

長女の場合はおこづかいを何に使っているか、たまにレシートをチェックしています。コロナ禍以前は、洋服やプリクラに費やしていることが多かったかな。その頃はよく友だちとランチに行っていろいろ食べてもいたんです。「そりゃ、金欠にもなるわな〜」という感じでした。

最初は「中学生になったからといって、お金の管理をいきなり任せちゃって大丈夫かな？」と不安だったのですが、長女のお友だちも同じような状況でした。そしてお金がなくなってくるタイミングもみんなほぼ同じようで……お金がないと出かけてもつまらないらしく、おこづかい日近くになると娘もお友だちも家で過ごすようになります。だから、週末に出かけなくなると「あ、みんなお金がなくなったんだね」ってわかるんですよ（笑）。

ただ、ママ同士がつながっていた小学校時代と違って、中学生の今はお友だちの家庭事情や考え方などがわからないのは不安でもあります。今と昔では、子ども自身のお金に関する感覚も社会の状況も違うので、悩ましいところです。

ちなみに私自身はというと、小学校の頃からおこづかい制でした。1ヵ月に500円くらいもらっていた記憶があります。駄菓子屋さんが近所にあり、100円は大金でした。中学校時代はすでに仕事を始めていたので、お金はほとんど使う時間もチャンスもなかったのが実情。プリクラが流行っていたけれど、メンバーと撮った記憶もあまりないんです。だから「電車に乗って友だちと街に出かけて、自由にブラブラする」なんて経験はまったくありません。自分にそういう経験がないからこそ、娘にはさせてあげたい、という気持ちが強いのかもしれません。

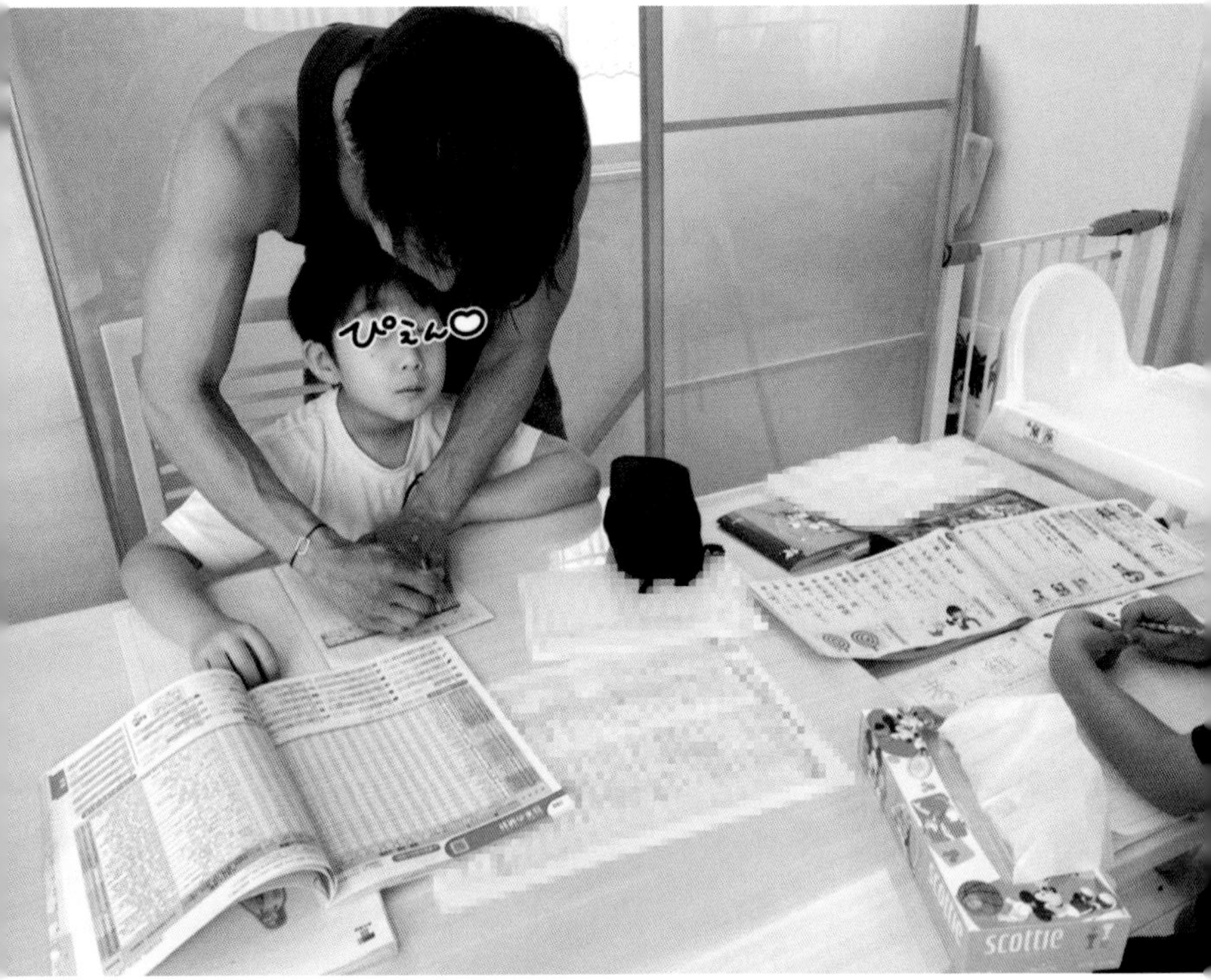

子どもたちの勉強を教えるのは、今のところ旦那さんの役目です。

ゲーム&スマホ〝やるべきことをやっていればOK〟ルール。

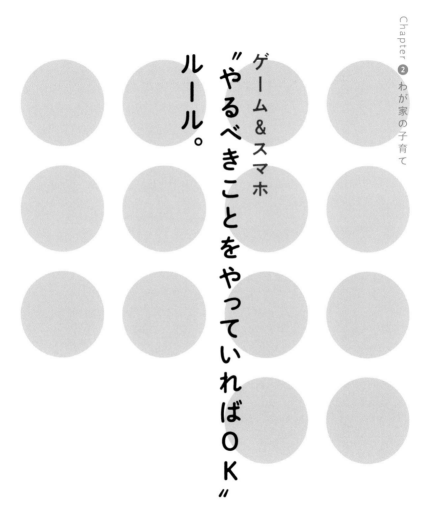

わが家の子どもたちは、スマホやゲームが大好き。どう付き合っていくか、日々悩みはつきません。「わかるわかる」という親御さんは多いのではないでしょうか。

まず中学生の長女ですが、スマホを持たせています。彼女はスマホのゲームはやっていないようですが、ＬＩＮＥで友だちとやりとりしたり電話で話したり、動画投稿サイトを見たり……家にいる間中ずっとスマホを見ています。ただもう中学生なので、きちんと宿題をやって、明日の学校の準備をして、朝ちゃんと起きて学校に行くといった「やるべきことをやっている」なら、うるさく口を出さないようにしています。

小学校高学年の長男は、最近スマホを持ち始めました。スマホを持たせるタイミングにはいろいろな考え方があると思うのですが、わが家では「一人で行動することがある」ときを持たせるタイミングとしています。連絡がとれないのは心配という理由からです。

ただし小学生の間は、与えっぱなしではなく私が管理します。フィルタリング設定をしてはいますが、友だちとどんなやりとりをしているか、どんなサイトを見ているかを細かくチェック。個人的にはちょっとエロいサイトなどを見ていても「どうぞ」という感じなのですが、一応、確認はしています。

ゲームもスマホもメリハリで考えます

スマホと並んで問題になるのが、ゲームですよね。「一日2時間まで」「宿題が終わるまではやったらダメ」など、独自のルールを決めているご家庭は多いでしょう。でもわが家では「ゲームをしていいのは○時間まで」というふうには決めていません。長女のスマホルールと同じで、「やるべきことをちゃんとやっていれば、ゲームをしていいよ」というのがルールといえばルール。

ですから、宿題をやっていないのにゲームをしているときは、即、没収します。

制限時間は設けていないのですが、かといって〝ダラダラと一日中ゲーム〟になってしまうのは、やはり避けたい。だから「ごはんだよ!」「お風呂入っておいで!」などと言われたらすぐにやめて、食卓についたりお風呂に入ったりするようにさせています。

あとは、三男の面倒を見てくれたら「今日はこのあと、ゲームしてもいいよ」と言うなど、いいことをしたときのご褒美として活用することもあります。ゲームでもなんでも、メリハリが大事。ずっとダラダラするのはダメですが、生活の中で楽しむ分には問題ないと思っています。

ゲームは優秀なコミュニケーションツール

次男がずっとハマっているのが、オンラインのバトルロイヤルゲーム。まだ文字が読めないずいぶん前からプレイしていて、「ちゃんと意味がわかっているのかな？」と様子を窺っていましたが、なぜか順調にどんどん進んでいくのです。しかも、ストーリーをちゃんと理解しているよう。ある意味、言語が関係ないので、外国の人と仲間になって一緒にプレイしたりもしていました。

ゲームはよく悪者扱いされがちですが、全部が全部悪いことばかりじゃないと思いませんか？　長男が友だちとコミュニケーションをとれるようになったのは、ゲームがあったおかげでした。

もともと長男は、引っ込み思案で人見知りの性格。幼稚園から小学校に上がったとき、なかなか新しい友だちの輪に入れなかったのです。でもオンラインゲームを通じて友だちがたくさんできて、学校に楽しく通えるようになりました。今では自分で目覚ましをセットして、毎朝元気に登校しています。

デジタルツールに親しむことはやっぱり大切

それにしても、今の子どもたちって本当にデジタルツールに強い！　三男も2歳にして、すでにiPadを自由自在に操っています。シュッシュッとスワイプしている姿を見ると、ボタンは〝押す〟のではなくて〝触れる〟ものになりつつあるんだなあと思います。

次男はYouTubeも大好きで、よく見ているのがゲーム系の動画。長男はパソコンでいろいろなことができるようになっているし、私の子どもの頃には想像できなかったような生活を送っています。

ただ、心配なのが視力の低下。暗いところでデジタルツールを使わないように、画面に近づきすぎないように、しょっちゅう注意して見ています。それと、目の検診を定期的にすることも大切。おかげで今のところ、長男も次男も両目2・0をキープしています。

パソコンやゲーム、スマホは、今の子どもたちにとって生活から切り離せないもの。生活や勉強、健康に支障がない程度に、自分なりに楽しんでもらえればと思っています。

友だちと一緒にできるゲームは恐ろしい集中力で(笑)盛り上がります！

辻ちゃん、
教えて！

子どもの気持ちを動かす言い換え術

叱り方って難しいものですが、
叱らないわけにはいかないのが親というもの。
子どもの年齢によっても変わってきますが、
最近のわが家の“効く”
叱り方の言葉をご紹介します。

「早く用意しなさい！」＞＞「みんな待っているよ～」

誰に似たのか、長男は超マイペース。家族で出かけるときなど、みんな用意ができて車に乗っているのに、長男は優雅に歯磨き中……なんてことがよくあります。そんなときは「外でみんな待っているからね～」と、とりあえず放置。私はざっくりした性格ということもあり、仕事以外の時間管理はかなりおおらかに考えています。「10時に出発しよう」とみんなに伝えていても、心の中では「きっと11時になるかな」くらいの想定。常に「子どもとの行動は期待通りにいかない」と思っておけば、ムダにイライラすることもありません。

「早く宿題をやりなさい！」＞＞
「宿題はいつやるの？」

現在、小学生の二人は、なかなか宿題をやってくれません。ただ「やりなさい！」とだけ言っても動かないので、「宿題はいつやるの？」とまず聞きます。その後、「宿題をやらないと、やりたいことができないよ」とかぶせます。「公園、行ってもいい？」とか「ゲームしていい？」と聞かれたときには、「行ってもいいけど（してもいいけど）、帰ってきたら宿題をやるんだよ」と伝えてから送り出すようにしています。

「早く寝なさい！」＞＞
「ちゃんと寝ないと背は伸びないよ」

ゲームだＳＮＳだと夜更かししがちな子どもたち。自分もそうだったからわかるのですが、「早く寝なさい」と言っても、「まあ、寝ないだろうな～」と思って、わりと放置しています。子どもが小さいときは「早く寝かせなきゃ！」と焦っていましたが、小学校高学年や中学生になれば体力もついてきて、そこまで翌日には響かないので、毎晩毎晩叱ることはしなくなりました。ただ最近、長男は背が少し低いことを気にするようになってきたので、「ちゃんと食べて、ちゃんと寝ないと背は伸びないんだよ」などと伝えたりしています。

辻ちゃん、教えて!

「もうゲームは終わりにしなさい!」>>「一回、外に出よう!」

最近、長男と次男がハマっているゲームは、戦い(?)が終わるまで中断できないタイプのよう。だからいつも、「今やっている戦いが終わったら終わりだよ」というように伝えています。おうち時間が増えている今、長い休み期間や週末などは、ずーっとゲームをやってしまいがち。そんなときは、「一回、外に出ようか!」とみんなで公園に行きます。体を動かせば運動不足にもなりませんしね。

「ちゃんと片づけなさい!」>>「うわ〜汚いな〜」(笑いながら)

私自身、そこまできれい好きではないので、子ども部屋がちらかっていてもあまり干渉はしません。ただ1週間か2週間に1回ぐらいのタイミングで、長男の"片づけスイッチ"がなぜか入り、自ら片づけを始めるのです。長男が「片づけるぞ〜!」となるもんだから、次男もあわてて掃除をし始めます。長男を見ていると、自分のいらないものを次男のスペースに移動しているだけのこともあるんですけど(笑)。長女は私と同じできれい好きではないので、スイッチが入らないとなかなか片づけをしません。あまりにも汚いときには、「うわ〜この部屋汚いな〜!」と、笑い混じりで指摘するのが基本です。

「ゴミをちゃんと捨てなさい！」＞＞
「これ、誰のもの？」

アイスの棒とかティッシュとか、ゴミがゴミ箱に入っていないことってありませんか？　そんな謎なゴミが発見されたときは「これ、誰？」とまず質問。たいてい長男と次男が口々に「俺じゃない、俺じゃない」と主張するので（笑）、じゃんけんをさせ、負けたほうが捨てることになっています。いつか自発的に捨てようと思ってくれる日が来ることを願っていますが、しばらくはまだ先のようです……。

「静かにしなさい！」＞＞
「枕に向かって叫んだら？」

長男は、音を立てないと生きていられないのか、声だけでなく物音を始終立てているのです。もちろんずっと「うるさいよ！」と言い続けてきましたが、注意しても静かになるのはほんの一瞬。すぐに「うお〜っ」などと叫び出します。階段を上がるときでさえ叫びながらどんどん音を立てる始末……。というわけで、「うるさい」の言葉だけでは彼にはもはや通用しないので、「外で遊んできたら？」とか「枕に向かって叫んだら？」などと、違う方法でありあまったエネルギーを発散させるように促します。そう言われると、クッションや枕に顔を押しつけて「うお〜っ！」。今のところ素直に実践しています（笑）。

ママ友関係
PTAとサークルで自分の居場所を作る。

ママ友との距離感や付き合い方も、子育てにまつわる大事なテーマ。子どもが通う幼稚園や小学校で居心地の悪い思いをして、「なんか居場所がないな」と感じたことがあるママさんって、けっこう多いのではないでしょうか。

そんな方には、役員や係をやってみることをオススメします！

わが家の子どもたちが通う小学校では、「6年間のうち2回は学年委員をやる」というルールがあるので、3人が同時に小学生だったことがある私は、毎年のようにこの〝学年委員〟を務めてきました。

学年委員のやることは、茶話会（先生とお母さんたちの話し合いの会）のときに配るお菓子を準備して袋詰めしたり、運動会当日に見回りをしたり、リサイクル用のアルミ缶を集めてつぶしたりと、学校での細かいお手伝いが中心です。日常的にやることが増えるので大変ではあるけれど、いろいろなお母さんと知り合うことにもなり、ネットワークの輪がすごく広がりました。

子どもが毎日通っているにもかかわらず、親が学校に行く機会って、意外と少ないものです。こういう委員をやると、学校の環境や雰囲気、子どもたちの普段の様子などがちょっとだけわかります。そういう点も役員を務めるメリットではないでしょうか。

そしてなにより、「学校に自分の居場所ができる」と思えるのが最大のポイントです。心細さなしで学校に行けるのは、子どもを学校に預けている身として安心感があります。子どもたちも、私が学校にいていろいろしていると嬉しいようです。大変なイメージがあると思いますが、いいこともすごく多いので、ぜひ一度経験してみてはどうでしょうか。

また、私は学校の有志で集まったママさんバレーにもたまに参加しています。こうしたサークル的なものは運動以外にもいろいろありますし、そういう活動に思いきって加わるのもオススメです。現在、私は自分が生まれ育った地元に住んでいるので、「小学校時代の友だちが敵チームのメンバーにいて再会！」といった出来事を通して、さらにママ友の輪が広がっています。

ママ友とのつながりは今、基本はＬＩＮＥ

長女、長男、次男とそれぞれの幼稚園や保育園、小学校時代を通して、多くのママと知り合ってきて、たくさんのママ友ができました。噂に聞く「ママ友間でのドロドロ」みたいなことはまったく経験がなくて、いたって平和な関係です。ママ友グループでトラブルがあった、ということも聞いたことがありません。

しかも私が仲良くなるのは、なぜか男の子のママばかり。理由はわかりません（笑）。ですから、女の子の友だち同士でもめて親が気まずくなる、といったこともありませんでした。おおらかな雰囲気の学校だったからでしょうか。誰もがお受験をするような学校だったらちょっとは何かあったのかもしれません。

なかでも最近、とくに連絡を取り合っているのは、長女の幼稚園時代に一緒だったママ友たちです。私を入れて3人のグループで、コロナ禍の前までは、よくごはんに行ったり集まったりしていました。そこに小学校で一緒になったママ友が加わることもあります。

この3人のメンバーと子どもたちでハロウィーンパーティを開いたときは、めちゃくちゃ盛り上がりました。みんなで仮装してビンゴ大会をして、大人も子どももノリノリ。

私は長年、芸能界のお仕事をしてきたので、普通はあまり着ないような衣装やウィッグなどをたくさん持っているし、コスプレにはまったく抵抗がありません。この本でも紹介していますが、むしろ大好物です（笑）。だからハロウィーンに限らずママ友みんなでコスプレしたり、いろんなことをして遊んでいました。

今はなかなか集まれない状況なので、学校にしてもママ友にしても、やりとりはすっかりLINE中心になりました。学年委員やママさんバレーのグループLINE、3人の仲良しママ友LINE、子どもそれぞれの学年のママLINEなど、たくさんのグループLINEがあります。

仲良し3人でのグループLINEは……たぶん皆さんが想像しているいわゆるママ友同士のやりとりとはまったく違う内容だと思います。完全に女子高生みたいなノリで、いつもいつもまったく恥じらいがないトークが繰り広げられています。LINE中に脱毛したり、美顔器でコロコロしたりしながら話しているのが恒例になっているという有様です。

中には、私よりひと回り以上年上のママがいるのですが、違和感はまったくありません。みんなで一緒になって、ワイワイキャッキャしています。もちろん、子どもや家族に関する悩みを話すこともあります。「ヤバいんだよね〜うちの子。マジで言うこと聞かなすぎ！」なんて言い合っています。

旦那さんや子どもの話などをシリアスにしてしまうと、「ああ、ついグチっちゃったな」「ちょっと言いすぎちゃったかな」などと、後から振り返ってちょっぴり後悔したりしませんか？　でも、冗談混じりで軽く話せる間柄であれば、すごく気持ちがラクになります。

私の場合、グチや不満、悩みは笑いながら話すのが一番だと思っています。こういうママ友がいることで、私はすごく救われています。

もはや家族同然の付き合いになった大切なママ友のバースデーをお祝いしました。

入学式、卒業式、七五三……
最近はすっかり「着物頼み」

長男のお宮参りをきっかけに、七五三や入学式など、子どもの節目の行事には着物を選ぶようになりました。それまではスーツを着ることが多かったのですが、色みや柄、スカートの丈などでかえって浮いてしまうことがあるなあと。でも、着物は裏切りません（笑）！　どんなシーンでも「きちんとしたお母さん感」を出してくれるので助かっています。気持ちも引き締まるというか、シャキッとする気がします。着付けとヘアセットは、知り合いやプロの方にお願いすることが多いですね。

子どもたちと一緒に私たちも着物。
お気に入りのピンクの着物で。

上の３人が、七歳、五歳、三歳の年があり、みんなでお祝いしました。

辻ちゃん、教えて!

子どものイベントの服装

次男の入学式のときも着物をセレクト。
特別感が味わえるのも着物ならではです。

お受験と人生

子どもたちには〝どん底〟を一度経験してほしいと思っています。

子どもを持つ親なら避けては通れない、子どもの教育問題。いろいろな考え方があり、さまざまな立場の方がいると思うのですが、学校選びに関していえば、私はいわゆる「お受験」をさせようと考えたことはありません。

子どもが育っていく過程で「お医者さんになりたい」「先生になりたい」など、やりたいことが見つかって、そのために「この学校に行きたい！」というのなら、もちろん応援するし全力でバックアップもします。けれども子ども自身にそうした希望がない状態で、親が「この学校に入れたい、だから受験をさせよう」ということは、無理にさせなくてもいいかな、と思っています。

私自身が中学生の頃から芸能界で仕事をしてきたので、わが子には「普通の学校に入って、普通の環境で、普通に育ってほしい」という思いがとくに強いのかもしれません。

現在、子どもたちは地元の学校に通っていて、そこでできた友だちと深く関わっています。親同士のつながりも強くて、すごくいい環境。学校のお母さん、お父さんたちとの絆は、私たち家族にとってなくてはならない大切なものです。

今は難しい状況ですが、以前のわが家は「学校から帰ったら、友だちみんなが集まる場所」でした。私がいないときでも、みんなで家に上がって遊んでいることがよくあって、そうしてたくさんの友だちとわいわいしている様子を見るたびに、「あったかい、いい環境で育っているなあ」と嬉しく思っていました。

どん底に落ちた経験が今の私を作った

「小さいうちに受験しておけば、エスカレーター式で高校や大学まで行ける」というのは、確かに魅力的です。でもそのために小さい頃の大切な時間を勉強ばかりに費やすのはどうなんだろう？　とも思うんです。

私がいつも思っているのは、「人生に大切なのは、勉強よりも人脈なのではないか」ということ。たとえ人生の中でどん底状態に落ちたとしても、友人や家族と人間関係がしっかり築けていれば周りに支えてもらえる。そしてその結果、どん底から這い上がってこられると思うのです。何もかもスムーズで辛い思いをしないまま人生が進んでいくのは、ちょっと怖いとも思っています。だから子どもたちには、一度は「どん底」に落ちる経験をしてもらいたいんです。

私の場合、モーニング娘。時代にも辛いことがたくさんありました。多くの方々に「いつも元気な辻ちゃん」と思われていたようですが、体調を崩していたときもあるし、精神的に苦しいときもたびたびありました。そして、それらを隠しながら仕事をするのは本当に辛かった。その後も叩かれたり勝手なことを言われたりとどん底とも言える経験をしてきたからこそ、小さなことに幸せを感じられるようになりました。

そもそも、結婚したときにみんなから祝福されていたら、今の私はなかったと思っています。「ママゴト婚」「絶対、すぐ離婚する」などとさんざん言われて、「負けない！」とここまできましたから。結婚に関しては旦那さんに恵まれたということもありますが……そんな経験を通して、頑張りや努力は報われるということを実感しています。

人に優しくあれれば、勉強はできなくてもいい

私は地元に根づいた〝公立小学校・中学校派〟ですが、旦那さんは〝受験させたい派〟でした。ただ、話を聞いてみると「どうしても」というわけではなくて、芸能界のお仕事をしていると子どもを私立に行かせるケースが多いので、その影響を受けてのようでした。

旦那さんはとても友だち思いなのですが、その友だちが本当にいい人揃い。ウチの家族もいつも支えてもらっています。勉強は得意じゃなかったかもしれないけれど、みんなしっかり仕事をしているし、それぞれに友だちもたくさんいて幸せそうです。そんな彼らを見

ているうちに、必ずしも勉強を必死にさせることだけが教育ではないんじゃないかなあ、という思いが強くなりました。

そこで「子どもたちは今の友だちと一緒の学校に行きたいと思っているよ。受験をするのがいい、悪いじゃなくて、子どもたち自身にやりたいことが見つかってから選択肢を考えたいな」と、私の意見を素直に伝えました。そうして何度か話し合ううちに、私の思いをわかってくれて、今では旦那さんも「子どもが自分で進路を見つけるまでこのままいこう」と考えてくれるようになりました。

子どもたちの将来について旦那さんとはよく話します。けれど、あまりにも一人一人の個性が違いすぎて、「この子はこうなってほしいね」と個別目標になることがほとんどです。いつも結論は「人に優しくできて、困っている人を助けられる人であってくれればいいよね」というところに落ち着きます。ただし、自分に自信はもっていてほしいので、自分が打ち込める〝何か〟を見つけてもらいたい。ですから、子どもたちがチャレンジしたいということには、どんどん挑戦させたいと思っています。

上の子たちが学校に行った後は三男とまったり。ふたりで過ごすこの瞬間はかけがえのないものです。

column3

Annual Event

お正月、節分、夏祭り。体を張って盛り上げます!

「季節ごとの行事は、家族で思いきり楽しもう」と、結婚した当時から二人でよく話していました。家族全員で全力で楽しんでいます!

買ってきたおせち（写真下）は、もっぱら〝大人用〟。これに玉子感の強い伊達巻きにお煮しめ、海老フライ、モツ煮など子どもが好きなメニューをプラスしています（写真上）。

子どもたちも楽しくもちつき！　やっぱりつきたては格別です。

家族揃ってのもちつきは
新年恒例になりそうです

New year

鬼の役はもちろん
夫婦でなりきります

節分コスプレもネットでポチっと。子どもたちは大喜びで豆を投げてきますが、素肌に当たるとガチで痛いです（笑）。

恵方巻きは恵方を向いて、家族でもくもくと食べます。
節分の日は一年でもっとも静かな夕食タイムです。

February

Summer

お出かけできない不満は縁日ふうのイベントで解消

2020年はお祭りがすべて中止になったので、“たぁのん祭り”を開催！　射的、スーパーボールすくいに焼きそばなどを用意。子どもたちは大喜び、大人はクタクタな一日でした。

子どもたちの「お食い初め」は鯛！

ずっと食べものに困らないように……わが家のお食い初めは、旦那さんが釣ってくる鯛！（ですが、釣れなかったときは近所のお店にお願いします。笑）

Chapter 3

わが家の暮らし

子どもがいるからこうなりました。

子どもがいるからこそ、インテリアは〝白〟をメインに。

基本的に、家の中のことは私に決定権があるので、インテリアを決めるのも私です。かつては、ピンクや赤が基調の可愛い系の家具や小物が好きだったのですが、最近のメインカラーは、〝白〟。

「えっ、子どもが4人もいるのに、白⁉」とよく驚かれるのですが、この白という色、本当にオススメです。私も最初は、「さすがに白だと、汚れが目立っちゃうかな」と不安に思っていたのですが、思いきって変えてみたらすごくよかった！　というのも、白って汚れが目立つ分、少しでも汚れたらその都度ふいたり洗ったりするので、常にクリーンな状態が保てるんです。

数年前、リフォームした際に家具も買い換えたのですが、それ以前は茶色のソファを使っていたわが家。でも茶色って、何をこぼしても落書きをされても、まったくわかりません。だからこまめには洗わなかったので、相当汚かったと思います。「前はどれほど汚いところに座っていたんだろう」と思うと、ゾッとします……。

白いソファの場合、ちょっとでも汚れたら即、カバーを洗います。子どもにクレヨンや油性ペンで落書きをされたら、「この汚れは、何で消せるんだろう。除光液？　それとも、漂白剤⁉」などと考えながらいろいろチャレンジ。その結果、白いソファがピカピカになると、「やった、消してやった！」と妙な達成感にも包まれます（笑）。今は洗剤やお掃除アイテムが進化しているので、汚れがまったく落ちないということはありません。

気分を上げたいときには、模様替えが一番！

子どもが4人いるので、部屋の中は常に散らかっています。かつてはオモチャやら絵本やら脱ぎ捨てられた洋服やら、一日中、ずーっと何かを拾ってはずーっと片づけるという状態でした。本当に本当にキリがない（〝子どもあるある〟ですよね）。そこで、日中は子どもたちが散らかすままにしておき、毎晩寝る前に一気に片づける！という方式に切り替えました。

子どもって、基本的に「ダメ！」って言われたことをするじゃないですか。だからあえて、「散らかさないで」と言わないようにしています。とはいえ、ゴチャゴチャした状態が視界に入ってくるとストレスになるので、なるべく見ないようにはしています……。

一番下の息子がまだ小さいので、私は基本的に家にいることが多いのですが、日々同じ家の同じ景色を見ていると、毎日が同じことの繰り返しだけのような気がしてきて、ちょっと辛くなってきたりします。そんなときは、部屋の模様替え！です。

ブログに何回か続けて模様替えの投稿をしたところ、「模様替えのしすぎでは？　辻ちゃん、ストレスたまってる？」と心配されてしまったこともありましたが（笑）、私の場合、模様替えをすると気分が上がるんです。模様替えといっても大げさなものではなくて、家具の位置をちょっと変えたり、カーテンなどの布ものを替えたり、とかそういうことがほとんどなんですよ。

そうして家具を動かしてみると、ソファの後ろに子どもの靴下の片方があったり、筆記用具が挟まっていたりと、いろいろなものが発掘されます。模様替えをちょくちょくすることは、私にとっていい気分転換であると同時に、ものがなくなる被害を最小限に食い止めている効果もあるんじゃないかな？　と思っています。あまりにも頻繁に家具の位置が変わるので、家族はもはや「あ、また変わったんだー」という反応。子どもたちは一瞬にして新しいフォーメーションに慣れ、すぐさま汚してくれます（苦笑）。

家族の変化によって家も変わっていく

リフォームをしたときに、タイルや壁紙を考えたり、家具を選んだりしたのは、すごく楽しかったです。旦那さんはインテリアにこだわりがないので、ほぼ私が考えました。

心がけたのは、生活しやすい空間を作ること。動きやすい動線が確保されるように、子どもたちの安全を考えながら、どんなインテリアにしようかを決めていきました。

子どもたちの部屋は、それぞれの生活に合わせたインテリアにしています。男の子二人はゲーム好きなので、ソファがわりに布団を使ってゲームをする態勢を整えるなど、彼らなりに考えて部屋を使っているようです。長女はまだインテリアに興味はないようですが、お友だちが遊びに来るときは自分で部屋を片づけるようになりました。

そんなふうにしてどうにか整えているわが家ですが、今のインテリアのすべてに満足かと聞かれると、まだまだ満足してはいません。どんどん家族も増えているし、将来的にはもっと広い家がいいなあ、と思っています。

子どもたちが大きくなるにつれて、部屋って狭く感じてくるものなんですよね。引っ越してきた当初は、十分な広さがあると思っていたのですが……。ダイニングテーブルも、6人家族の今や普通サイズでは足りなくなってきました。家って家族と一緒に変わっていくものなんだなあと実感しています。

いろいろ悩みはつきませんが、自分好みのインテリアに囲まれているとやっぱり幸せです。これからも家族に合わせて、インテリアを進化させていこうと思っています。

わが家の愛犬、クックとモカ。二匹とも穏やかな性格で人間が大好きです。

ご飯は毎食四合。お助けアイテムは〝しらす〟。

「毎日の献立はどうやって決めていますか？」とよく聞かれるのですが、私は冷蔵庫の中に何があるか、で決めています。ご飯が残っていたら炒飯にしたり、野菜が中途半端に残っていたら野菜スープやカレーにしたり……。「前の日のごはん（材料）が冷蔵庫にどのくらい残っているか」で、その日のメニューを決めることが多いです。

メインが炒飯だとしたら、大きくなってきた子どもたちのことを考えると、やっぱりそれだけ、というわけにはいきません。そうなると「野菜のスープでも作るか」とか「餃子をプラスしよう」などと、副菜をつけることになります。

献立を決めるのは、基本的に私です。子どもたちからリクエストされることもたまにありますが、言ってくるのは長男と次男だけ。長男のオーダーは「肉！」とか「魚！」というようにざっくりしているのですが、次男は好みが具体的で、「サーモンが食べたい」「カレーが食べたい」と決め打ちで言ってきます。

長男の言う「肉」というのは、ステーキのような〝肉々しいもの〟を意味しているんですが、そう都合良くかたまり肉があるわけじゃないですよね。そんなときは、薄切り肉を重ねて揚げて、カツ風にアレンジしたりして出しています。次男の決め打ちリクエストには、近々作るね、という感じで応えています。

家族6人の今、ご飯は夕食前に四合炊くのが基本。残ったものを翌朝食べることにしているのですが、最近、残らないことが増えてきました。ちなみに休日には、昼、夜と四合ずつ、一日八合炊いています……どうりで、休日はずっとお米をといでいる気がするわけです（笑）。

今は五合炊きの炊飯器でどうにか乗り切っていますが、男の子たち3人がもう少し大きくなったら、業務用の一升炊きが必要になりそうです。

わが家の食卓に欠かせないお助けアイテムは〝しらす〟

いつもスーパーで買うものって、だいたい決まってきませんか？　牛乳に卵にヨーグルト、キャベツ、にんじん、玉ねぎ……と。そういう「いつも買うもの」に、豚バラ肉や鶏むね肉など、その日安くなっている食材を組み合わせて献立をイメージすることが多いです。ときには「今日は焼き肉にしよう！」「寒いから今夜はおでん」のように決めてから買い物に行くこともちろんあります。そういうときは、いつもの食材プラスその献立のための材料を買う、という感じです。

私の買い物リストで、先ほどのような定番に加えて忘れちゃいけないのが〝しらす〟！

ご飯にのせるだけでも美味しいし、おにぎりにも重宝するし、炒飯や炒めものにも使えるし、ホント万能です。子どもに必要なカルシウムなども豊富で栄養価も高いので、わが家では切らさないようにしています。

そしてウチの人気メニューといえば、大根にれんこん、にんじん、ねぎ、里芋、と野菜をいっぱい入れた豚汁です。味噌汁って、和食のサイドメニューとして優秀ですよね。野菜もとれるし、温まるし。でもなぜか、ほかの具で作っても子どもたちは盛り上がらないというか、あまり飲んでくれません。ところが、豚汁にすると反応が違うんです。豚バラのコクが子ども好みなのでしょうか。

〝おかずは3品〟が理想でしたが……

献立の品数、皆さんはどのくらい作っていますか？　私の場合は、結婚当初から子どもが一人だった頃までは、おかずは3品以上作らなくちゃ、と思っていました。というのも、杉浦家がそういう家庭だったから。

彼の実家にお邪魔すると、毎食「今日はパーティ!?」っていうくらい、食卓にごちそうがたくさん並ぶんです。それで結婚した当初は「私もたくさん作らなきゃ！」と。

でも子どもが増えていくうちに、「やってられるか！」ってなりました。どんどん食べる量が増えるわ、好みも出てくるわ、という子どもたちにもはや対応しきれません(笑)。

さらに最近は新型コロナウイルスが落ち着くまで、と大皿からの取り分けをやめて、一人ずつのワンプレート制にしました。３つに分かれているプレートなので、ご飯とメインをのせて、残りのスペースに何か副菜を盛り、あとは汁ものをつけて完成、です。あらかじめ盛れる品数が決まっているとごはん作りはこんなにラクになるんだ！　というのは意外な発見でした。

辻ちゃん、教えて!

わが家のごはんルール

1 自分でできる人は、自分でやる!

三男はまだ小さいし、下の二人も何かやらかす不安があるので私が手伝いますが、中学生の娘と旦那さんには、ご飯をよそったり食器を出したりなどはやってもらっています。自分でできる人は自分で、がわが家の基本です。

2 子どもたちはワンプレート制を導入

以前は大皿に料理を盛りつけ、それぞれが取り皿に取って食べるという方式でしたが、このご時世、ワンプレート制が定着しました。献立を考えるのがラクになっただけでなく、洗いものが減ったのも嬉しい!　私、食洗機はあっても「手で洗いたい派」なんです。

3 時間がないときは“そぼろの二色丼”

わが家のお助け料理といえば、鶏そぼろと卵の二色丼。鶏ひき肉をしょうゆ、みりん、酒で味つけしながら炒めて、ご飯の上に炒り卵とのせるだけ。あっという間にできちゃうんです。家族全員よく食べてくれるので、時間がないときや献立に迷ったときはこれ一択です。

計量スプーンは使いません。調味料の単位は〝何周〟です。

〝酒、しょうゆ、みりん、砂糖〟で料理はなんとかなる！

ブログや動画を見てくださった方から、よく「お料理が上手ですね」とか「いろいろな料理が作れてスゴイ」などと言っていただくのですが、はっきり言って私、レパートリーは多くありません。むしろ少ないほうだと思います。

どうも私、「料理は酒、しょうゆ、みりん、砂糖を入れときゃいいでしょ」と思っているところがあります。つまり、煮物とか照り焼きとか、〝茶色い料理〟です。茶色ならばだいたいの料理は美味しい（笑）！　家族も喜んで食べているのでいいかなというか……「冷蔵庫にあるものでちゃちゃっと」タイプでもないので、わりと同じようなものを作っているかもしれません。

今後はイタリアンにもチャレンジしてみたいですね。今はイタリアンといえば、旦那さん担当なんです。季節の食材を取り入れたパスタなどを作るのが得意なんですが、彼に教えてもらいつつ、レパートリーを増やしていきたいと思っています。

レシピサイトや料理番組もかなり参考にしています

小さい子どもがいるので、エビチリは辛いものと辛くないものを分けて作っています。2種類作ることになりますが、長女が生まれて以来、カレーなどは2種類をずっと作ってきたので、分けて味つけをすることに負担は感じません。むしろまったく違う料理を2品作るほうが大変ですね。

作ったことのない料理に挑戦するときは、レシピサイトを参考にすることもよくあります。たとえばエビチリにもいろいろなレシピがあって、人気ランキングまであるのですが、そういうレシピを見ているうち、順位ってちょっとした味つけや調理法の違いなんだなと気づいたんです。エビチリだったら、エビににんにくとしょうが、トマトかケチャップ、豆板醤《トウバンジャン》にお酢に砂糖……といったふうに使っている食材や調味料はほとんど同じですから、レシピを見てうちの家族が好きそうなものを見つけて作っています。

テレビの料理番組もよく見ます。材料リストの画面だけメモをとって、それを参考に作ったり。それと、スーパーに季節ごとのレシピがよく置いてありますよね。気になったものを持って帰って作ってみたりもします。

わが家のお助けメニューは「鶏そぼろ」

わが家に常備してある調味料は、塩とこしょうのほか、砂糖、しょうゆ、ケチャップ、ソース、酢、料理酒、みりん、オリーブオイルにごま油、にんにくとしょうがのチューブ、和風だしの素、コンソメ、うま味調味料です。基本的なものばかりですが、これで〝和洋中〟、ほぼなんでもいけます。

定番としてよく作るのが〝そぼろの二色丼〟。時間がないときのお助け料理です。これも〝茶色料理〟ですが、炒り卵と合わせると家族みんな「美味しい！」とよく食べてくれるんです。困ったときはわが家はそぼろ頼みです。本当はインゲンとかの〝緑〟を入れて三色にしたほうがいいのでしょうけど、そこは省略です（笑）。

料理本は、結婚当初はかなり見ていました。でも今はあまり持っていません。最初はレシピ通りに作ってみるのですが、「あれ、味が薄くない？」「甘すぎるかな」と調味料を足したり省いたり、アレンジすることが多くて。結局、自分流の味つけになっていくので、だんだん見なくなっていきました。

経験的に、料理の味つけは濃くさえしなければ大丈夫だと思っています。しっかり味つけしちゃうと戻ってこれませんが、物足りなかったら後から調整すればいいので、とりあえず控えめな量を入れて味をつけるようにしています。

調味料の単位は〝何周〟。計量スプーンは使いません

ちなみに私、計量カップやスプーンは使いません！　一応、持ってはいますけど、それで量ることはありません。味つけをするとき、私にとって調味料の単位は「何周」です。この料理のときのしょうゆは「鍋を1周」「2周」といった感じで量っているので、鍋の大きさが違ったり、調味料の注ぎ口が違ったりすると、いつもの味にならないときがあります。

以前、料理動画を配信したときに、「珍しい、辻ちゃんが計量スプーンを手に取った！ ついに量るのか!?」「いや、計量スプーンでかき混ぜた！　まさかの調理道具使い〜」なんてコメントが来たこともありました（笑）。

わが家の冬の大人気定番、キャラクター鍋。大根おろしをフル活用して形作ります！

column4

6人家族のわが家のごはん、最近はこんな感じです。

“大皿取り分け制”をやめてから、片づけがグンとラクに！
うちの子どもたちはよく食べるので、6人家族なのに、
いつも10人前くらい作っています。

最新定番は
ワンプレートごはん

主食、主菜、副菜を盛ればいいので、ワンプレートごはんは本当にオススメです。誰がどのくらい食べたかも把握しやすいし、洗いものが劇的に減るのもポイント。

わが家のメニューは
“茶色度高め”です

(写真左上から) 定番お助けメニューのそぼろ丼に和風とトマトの２種のハンバーグ、餃子、モツ煮。餃子は100個ほど包むんですが、ペロリと食べ切ります！

一品でおかずになるから
揚げもの最高!

コロッケに海老フライ、春巻き、鮭フライなどは大量に揚げます。前は衣をつけるのが大変だと思っていましたが、おかずがこの一品で済むのでかえってラクなことを発見（笑）。

わが家のお弁当はかなりフツーです

玉子焼きに唐揚げ、ウインナー、そぼろ丼と、子どもが好きな定番おかずが多いです。「美味しかった〜！」とお弁当箱を空にして帰ってくるのが一番かなと。

家庭菜園は食育に効果大。野菜嫌いの子が激変！

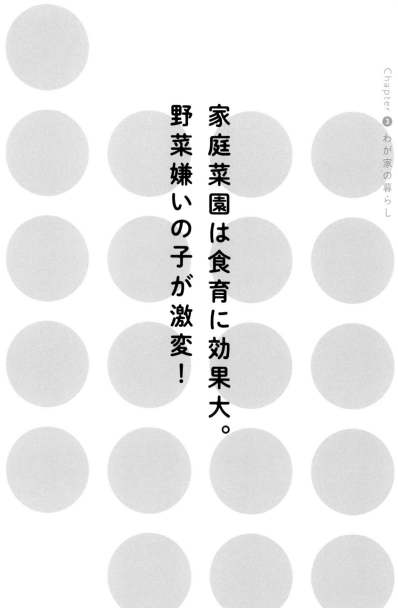

わが家ではもう5年以上、家庭菜園で野菜を育てています。旦那さんが園芸に関わる番組にレギュラー出演をするようになり、種をもらってきたのが最初のきっかけ。当時、子どもたちが全然野菜を食べてくれなかったので、なんとか食べてもらいたいと始めました。

家の敷地内でほそぼそと始めてみたところ、子どもたちが野菜に興味をもつようになったので、より本格的に育ててみようとレンタル畑を探しました。最初に借りたのは、わが家から車で20～30分くらいのところにあった畑です。

始めた季節が夏だったので、まずはきゅうりやトマトなど、いわゆる家庭菜園でよく見る夏野菜を育ててみました。そうしたら、みんないい感じに（笑）育ってくれて、子どもたちが美味しい美味しいと食べてくれたのです。

その畑は思い立ったらすぐ行ける、という距離ではなかったので、家から自転車で行ける畑を探して借り直しました。今ではピーマン、なす、ブロッコリー、白菜、にんじん、大根、唐辛子……などを育てては収穫しています。

同時に、家のプランター菜園もフル活用。ベランダくらいのスペースでも、いろいろな野菜が育てられることを発見しました。これまでに育てたのは、きゅうりにトマト、白菜、ブロッコリーなどなど。虫が出ちゃうとちょっと大変なのですが、一応、畑でも家のベランダでも無農薬で頑張っています。

自分で野菜を育てる最大の楽しみは、野菜たちがすっごく愛おしく思えることです。どの野菜も全部、大切な〝わが子〟という感じ。しかも人間の子どもと違って、成長がめちゃくちゃ早い。一晩越すだけでかなり変化が見られるのです。毎朝、ベランダ菜園をチェックしては、「あら〜、こんなに大きくなったの！」と、母性を刺激されています。

自分が育てた野菜を収穫するときって、私の場合、「長年のばした髪の毛をバッサリ切る」ような感覚です。「こんなに育ってくれて、今までありがとう〜」という感じ。そのあと食べちゃうわけですけど、とても感慨深いのです……！

家庭菜園は子どもたちの食育にもオススメです

「この野菜って、こういうふうに育っていくんだ」と、野菜ができるまでの過程が見られるのも大きな魅力です。以前、オクラを育てた際、可愛い黄色い花が咲いたと思ったら小さな三角が現れて、それがすぐに1センチくらいに育って、あっという間にいわゆる「オクラの形」になったときは、子どもたちと一緒に感動しました。

2020年春の緊急事態宣言による休校期間中、子どもたちはどうしても、テレビを見たりゲームをしたりとなりがちでした。そこで、「せっかく時間があるんだし、これからはみんなで野菜の世話をしよう」と、子どもたちを誘ってみました。

その日から、野菜の収穫は子どもたちの役目。すると不思議なことに、苦手な野菜でも自分が収穫したものは「ちょっと食べてみようかな」と思うようです。ただ、野菜の収穫のタイミングはかなりデリケート。子どもたちも私も真剣になります。とくにその見極めが難しいのが、トマトやオクラなどの夏野菜です。

トマトの場合、赤くなった後で水に濡れるとダメになってしまう。だから、雨は大敵です。さらに1日でも収穫が遅いと、割れたり硬くなったりしちゃうので、とても神経を使います。だからこそ、〝食べ頃〟のベストタイミングに収穫できたときの達成感、満足感はかなりのもの。しかも、穫れたての野菜は本当に美味しい！

自分たちで大切に育てた野菜だからこそ、心から「いただきます」と感謝しながら、料理をしたり食べたりするようになりました。

家庭菜園ができるのは、旦那さんが助けてくれるからこそ

野菜作りに欠かせないのは、やはり旦那さんの存在です。私一人ではそもそも「やろう」

とは思わなかったでしょう。

旦那さんが出演している番組のスタッフさんや講師の方々がとても親切で、いろいろな苗や種を分けてくださるうえ、彼自身がこの番組を通して野菜作りにどんどん詳しくなっていきます。最近では、話が専門的すぎてさっぱりわからないこともしょっちゅう。「こまめにわき芽を取らないと」と言われても、「？・？・？」。

ちなみに、わき芽とは、茎の付け根部分から出てくる、メインの葉にはならない芽のこと。切らないと美味しい野菜ができないらしいのですが、これがすごく大変なのです。すぐに伸びてきちゃうし、しかも間違ったところを切っちゃうと野菜に栄養がいかなくなるらしく、毎回プレッシャーを感じながら切っています。さらにこのわき芽、やたらと出てくるので、油断できません。

そんなふうに奮闘している私の姿を見ているからか、今では子どもたちもずいぶん野菜を食べるようになりました。私にしても、「大根の葉っぱだって、捨てちゃいけない」とまるごと調理するのが当然に。食育ということもそうですが、安心・安全な野菜がたくさん収穫できることは、育ち盛りの子どもを持つ親としてとても助かっています。

子どもたちは収穫が大好き。自分で獲った野菜はなんでも美味しく食べます！

モノ作りは大好きですが、
実はかなりテキトーです(笑)。

小さいときから「何かを作る」ということが大好きで、リリアンやビーズ、プラ板などを使っていろいろなものを作ってきました。むしろ、勉強よりもそういうことばかりしていたかもしれません（笑）。10代の頃は仕事が忙しくて時間がとれなかったので、手作りライフが復活したのは結婚してからのことです。

何かにハマるとそればかりやり続けてしまう性質がある私。何年か前には編み物にハマってしまい、編みぐるみにマフラーに、といつも何かしら編んでいました。

動画などに寄せられるコメントに、「なんでも手作りしてスゴイ！」「手先が器用でうらやましい」などといただくんですが、正直言って、そんなことは全然ありません……。手作りが上手だと思っていただけるのはとても嬉しいのですが、じつはミシンは苦手だし、手縫いはまっすぐキレイというわけではないのです。

手作りマスクを縫ったり、フェルトで何かを作ったりしているのは、ただ自分がそういうことをするのが「好き」だから。ですので、この場を借りて、胸を張って（苦笑）「手作りは大好きですが苦手です!!」と言わせてください。

子どもの入園や入学時はもちろん、新しい学年に上がるときに必要ないろいろなバッグ類や防災ずきんカバーなどを作ってはいます。けれども、「必要なものが入ればいいや」

という感覚なので、よく見るといろいろテキトーだったりします（苦笑）。縫い目は少し波打っているし、バッグの形もちょっと台形っぽい形になっているし……。でもどんなに下手でも、やっぱり作ることは「好き」なんです。「なぜ私は、それでも何かを作るのが好きなのか？」と考えてみたところ、私の場合、できあがった瞬間ではなく、作っていることそのものが好きなんだと思いあたりました。

気づけば、子どもたちもモノ作りが大好きに

最近はアイロンビーズなどのビーズ系にハマっていて、時間を見つけては地道に作っています。そのなかでこれはヒット！と思ったのが、マスクを外したときに首から下げられるマスク用のストラップ。材料はネットで買って、自分で色や長さを考えながらいろいろなバージョンを作っています。専用のキットもあるので、興味がある方はぜひチェックしてみてください。

娘も私に似て手作り好きで、小さい頃はよく一緒に作っていました。ただ今となっては、私より長女のほうがモノ作りの技術は上のような気がしています。私の誕生日にバースデーカードを手作りしてくれるのですが、開けると何かが飛び出したり、引っ張ると仕掛

けが動いたり、ものすごく凝ったものを作ってプレゼントしてくれます。何枚かの紙を綴じて本みたいな形になっていた年もありました。複雑な構造でクオリティがとても高いのです。今年はどういうものかな、と毎年毎年楽しみにしています。

わが家のボーイズたちもモノ作りは好きで、工作をよくしています。つい先日も、次男が工作用紙でサイコロを作っていました。サイコロの目の法則はまったく無視しているようで、見てみたら「60」と書かれた面がありました（笑）。ほかにも剣とかベイブレードの対戦表とか、いろいろなものを作っています。「珍しく今日は静かだな」と思ったら、集中して何か作っていることが多いです。

子どもたちが『鬼滅の刃』に大ハマりしていたときは、主人公たちが使っている日輪刀という刀を、かなり本格的に作っていました。実際に使えるくらいのサイズのもので、折れないように芯を入れ、本物の刃に見えるようにアルミホイルでコーティングするなど、いろいろ工夫していたようです。

私はまったくわからないので、「本当に好きなんだな～」と眺めていたのですが、旦那さんは途中で我慢できなくなったらしく、「そうじゃない！」と、自分でも作り始めました（笑）。その結果、息子たちのものよりもずっと作り込んだ、それは見事な刀を完成させていました（左ページ参照）。

わが家の手作りライフのルーツは、母二人にあり？

気づけば、家族全員が何かを作るのが大好きなわが家。思い返すと私の母も、手作りが得意でいろいろなモノを作ってくれました。手芸だけでなく、料理やお菓子を一緒に作った記憶もありますし、昔から手作りするということが身近な家だったと思います。学校に持っていくレッスンバッグなどもすべて母の手作りでした。

旦那さんのお母さんも、手作り力がすごい人です。なんでも上手に作ってしまうのですが、とくにすごすぎるのが編み物。私が好きなキャラクターの人形を編んで送ってくれたことがあり、「もしかして、私の動画キャラも作れます？」と無茶を承知でお願いしてみたら、「やってみるね」と。見事な完成品を送ってくれました。ゼロから型紙を起こして毛糸で編んでいくなんて、私からしたらまさに神業です。

私も旦那さんも、手作りをするということが身近にある家庭で育ったから、自分の手を動かして何かを作るということが好きなのかもしれません。

辻ちゃん、教えて!

杉浦家の手作りアイテム

少しでも時間があると何か作りたくなる私。
子どもたち、そして旦那さんもモノを作ることへのハードルが低く、まずはなんでもトライ！

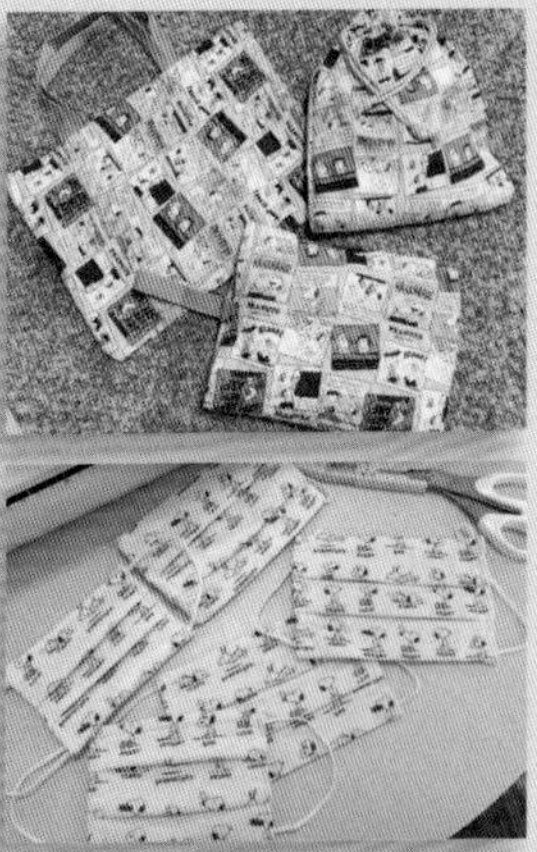

旦那さんの本気度の高い手作りアイテムに子どもたちは大喜び。

子どもたちの幼稚園、学校用アイテムも好きな柄の布で手作り。マスク本体も作りました。

仕掛けが凝りに凝ってる娘からのバースデーカード。宝物です！

辻流お仕事論。育児と仕事の両方あるから頑張れる。

中学生のときにこの世界に入った私。そのせいか、「普通に働く」というのがどういう感覚なのか、正直言ってよくわかっていないかもしれません。多くの人は、高校生ぐらいから自分の進みたい道を考え始め、親や先生と相談しつつ進学先や就職先を選んでいくのでしょうか。私にはそういう経験がないので、これ以外の道が見えないというか、「この仕事をしていなかったらどうなっていたのか」が、まったく想像できません。

そもそも私は、毎日同じことをするのが大の苦手。だから、デスクワークや接客などの仕事は、ちょっと難しそうな気がします。芸能界の仕事は毎回がイレギュラーの連続です。そういう意味でも、きっと私に合っていたのでしょう。

結婚と同時に仕事をやめることも考えました。第一子を出産した頃、短期間でしたが、初めて〝専業主婦〟という状態に。あのときは今思い返してもすごく大変でした……！　一日中赤ちゃんと二人きりで向き合わなければいけない状態で、気が抜けない、外に出られない、働けないということに、大きなストレスを感じてしまいました。

もともと私は、自由に動き続けていないとストレスがたまってしまう、マグロのような性格（笑）。常に何かをしていたいので、家事、育児、仕事という「やることがたくさんある」という状態はむしろ心地がいいのです。

この性質、じつは私の母と同じ。私が幼い頃から、ちょっとした内職や給食の調理さんなどなど、母はずっと働いていたイメージがあります。現在もハンバーガーレストランを経営していて、毎日忙しくしています。そんな母の背中を見てきたので、子育てしながら働いている、という今の私の状況に違和感はありません。

動画を毎週3本配信。自分で決めたことだけど大変すぎました

そんなふうに、働くことが大好きな私。できれば、死ぬ直前まで仕事をしていたいくらいです。もしこの業界に入っていなかったら、子育て系の動画をアップするＹｏｕＴｕｂｅｒになっていたかもしれません(笑)。自分で考えて、いろいろ工夫して発信するのが、とにかく大好きなんです。毎回内容が違うので、飽きることもありません。

一番やりがいを感じるのは、自分が発信したことによって「辻ちゃんのおかげで頑張れる！」と言ってもらえたとき。「いつも見ています、参考にしています！」という言葉をもらえると、モチベーションが上がります。

大変なこともたくさんあります。ＹｏｕＴｕｂｅを始めた頃、「毎週動画を3本アップする」ということを目標として決めたのですが、これがもう、本当に辛い。家事と育児を

しながら、企画を考えて撮影して編集して……というのは、想像以上に大変でした。

ただ、どんなに大変でも、アップされるのを待っている人がいるとなると、「もっと応えたい！」「より面白いものを作りたい！」という気持ちがわいてきます。できることなら、もっとアップ回数を増やしたいくらいです。

仕事に対する責任感は、かつてモーニング娘。にいたときよりも強くなっています。当時はグループで活動していたので、メンバーがたくさんいたし、私も12歳で加入、と若かったので、振り返ってみると責任感というものが今より薄かった気がします。現在は自分でしたことは、した分だけぜんぶ自分に返ってくる。それが大変なところであり、やりがいでもありますね。

そんな私を旦那さんはすごく応援してくれています。もし家事がちょっと後回しになったとしても、何も言わないんじゃないかな……。でも、私としては「仕事に熱中しすぎて、家のことがおろそかになる」のは絶対にイヤなのです。逆もまたそうで、「家事、育児のせいで仕事が中途半端になる」というのも絶対にイヤ。仕事と家事、育児でいつもいっぱいいっぱいになっていますが、それが案外嫌いじゃないというのが私の性格です（笑）。

ただ、「両方とも完璧にやろう！」とは思っていなくて、どちらも同じように頑張り、どちらも抜くところは抜く、という感じでバランスをとっています。

朝、子どもたちを送り出したら、1時間くらいはまず洗い物と洗濯に取り掛かります。その後、余裕があれば晩ごはんの準備。帰ってきてから「何も食べるものがない！」となると困るので、炊飯器のタイマーは必ずセットしてから出かけます。それから仕事に行って、帰ってきたら晩ごはんの支度。子どもたちに食べさせて後片づけまで終わったら、ちょっとだけ夫婦でひと休み。お風呂に入って、寝る前に一気に部屋を片づけて就寝！

……という毎日です。

かつては「子どもと離れて仕事に行く」ということに、罪悪感や寂しさを覚えたこともありました。けれども離れている時間があるからこそ、一緒にいる時間が大切にできる、と気づきました。子どもって、ちょっと見ないうちにグンと成長していることがあります。仕事から帰ってみたら、朝できなかったことができるようになっていたりして、本当に感動しちゃいます。そういう発見に気づけるのも、離れている時間があるからこそ。

そして、こうした仕事と家事、育児の両立ができているのは、旦那さんの協力があってこそだとも思っています。疲れきって何もする気になれない日に、「パスタが食べたいな～」

などとアピールすると、「はいはい、作らせていただきます〜」とごはんを作ってくれたり（笑）。本当に助かっています。

結婚当初はこんな関係になるなんて思ってもいませんでした。旦那さんも私も、子どもによって、子どもが増えることで変わってきました。そして今のこの状態をとても心地よく思っています。

special guest ✸ 杉浦太陽

結婚15年目。夫婦初対談！

希美「彼以外のパートナーは考えられません」

太陽「毎日24時間、
仕事と育児しかしてない。
でもそれが楽しいんです」

――お二人の出会いについて教えてください。

希美　最初の出会いは、彼の仲間が集まっているところに、共通の友だちに誘われて行ったときです。第一印象は「あっ、あの大好きだったドラマに出ていた人だ！」という感じ。

太陽　俺は「あ、辻ちゃんだ！」って（笑）。そしてその日のうちに連絡が来て。「積極的な子だな～」と思いましたね。

希美　その場にはたぶん10人くらい男の人がいたんですけど、ほかの9人のことはまったく見えてなかった（笑）。今でもそうだけど、友だちみんなから「太陽、太陽」って慕われてて。ニコニコ笑っている姿を見て、「この人、絶対悪い人じゃない！」と思って、出会って2日目くらいに「付き合ってください」と告白。

太陽　早！　って（笑）。でも僕は、友だちとしてみんなといるのが楽しかったし、まだお互いのことをよく知らないし、と一旦お断りしたんだけど、それから猛アタックが始まって……。

希美　その頃の私、かなり忙しかったんです。でも、彼が友だちの家にいるという情報を聞きつけたら、仕事が終わってからそこに会いに行って、寝ずに翌日また仕事に行く、みたいなスケジュールで動いていました。

太陽　好意をもたれていると、こっちも意識するようになるじゃないですか。そうして段々、「辻ちゃん」という少女から、「希美」っていう一人の女性として見るようになっていって。そんなタイミングで彼女のライブに招待されたんです。舞台上でパフォーマンスしている姿が、すごくカッコよかった。それで、僕のほうからお付き合いしたいとお願いしました。

希美　作戦通りです（笑）。

太陽　そうだね、その頃から転がされてたんだな。僕、騙されやすいから。

希美　ちょっと！　騙してはいない（笑）！

19歳の春に妊娠がわかって。そのとき二人は

——人気者同士の交際。苦労したことも多かったのではないでしょうか？

希美　彼の友だちの家や都内のお店で会うときは、私が段ボール箱の中に入ってガムテープで留めてもらい、荷物として友だちに運んでもらっていました。帰るときにも使うから、箱を破壊しないように出るのが大変だったっけ(笑)。

太陽　都内で会うときはすごく気を遣っていましたが、旅先ではまったく普通にデートしていたよね。あるとき、西伊豆でランチを食べに入ったうなぎ屋さんに声をかけられて色紙を書いたんですが、僕のサインの隣にのんが「辻ちゃんです」って書いたことがあった。

希美　SNSがなかったし、街以外ではマスクも帽子もなしでデートしたよね。初デートは私、黄色のフリフリミニワンピだったし（笑）。

――結婚を意識したきっかけはなんでしたか？

太陽　初めて意識したのは、お正月を辻家で過ごしたとき。このご両親とのんとならいい結婚生活が送れそうだな、というビジョンが見えました。それと、僕の実家に来たときも、入るなり「ご先祖さまにお線香をあげさせてください」って言ってくれて。「うちの親族も大事にしてくれるんだ」と思えたのも大きかった。

希美　私は〝付き合う＝結婚する人〟という考えでした。彼が友だちを大事にしている姿を知っていたから、家族も大切にしてくれるはず！　と思っていました。

太陽　もともと結婚したいということは両親や事務所には相談していました。結婚自体は誰からも反対されなかったんですが、ただ、彼女は当時まだ19歳だったから、20歳になったらという話になっていたんです。そして付き合って1年たったある日、「赤ちゃんができた」と聞いて。まずは「おぉ！　おめでとう！」って言ったものの、その後二人で「今後どうしよう！」ってめちゃくちゃテンパりました（苦笑）。

希美　「まずは誰に報告すればいいの⁉」となって、お互いの兄弟、親を集めて会議を開いたんだよね。それから、両親と一緒にそれぞれの事務所に報告しました。

——そして今や結婚生活15年目。結婚式を経て、初めの頃はどんな感じでしたか？

太陽　記者会見を5月に開いて、7月に結婚式を挙げて、と何もかも急ピッチでした。本当は友だちを大勢呼んで盛大にやりたかったよな。

希美　そう、小さい頃から思い描いていたようなキラキラした結婚式じゃなくて、こぢんまりとした式でした。私が妊娠しているから早めに切り上げますねって言ってたはずの神父さんの話が、1時間たっても終わらなくて（笑）。

太陽　とにかく長かった！　っていう思い出です（苦笑）。その頃の彼女は、初めての妊娠で身体の変化についていけなくて。「お腹を蹴られて痛い」って夜中によく泣いていたよね。

希美　当時は両親と離れて住んでいたし、周りの友だちは遊んでるしで、相談できる人もいなくてホント孤独でした。つわりもひどくて、初めての妊婦生活は辛かった印象しかないです。

太陽　僕は、自分だけが違う世界に入ったっていうのがキツかったなあ。結婚前は友だちを一番大切にしていた生活だったので。妻と子どもっていう、友だち以上に大事な存在ができても、変わらず誘いは来る。本音では行きたいけれど、妊娠と育児に奮闘している妻を置いていくわけにはいかない、という葛藤がいつもありました。それでのんと衝突してはなんとか仲直りする、ということを繰り返していましたね。

離婚危機を救ってくれた京都旅行

希美　彼の葛藤はわかっていたけれど、私は私で大変すぎて。行かないで！　って必死でした。

太陽　それから二人目が生まれて、結婚3年目にして離婚寸前までいってしまった。お互いに「少し離れたほうがいいんじゃないか」と親を交えて話し合いをしたこともありました。ただそこで原点に立ち返って、僕は妻としてではなく、一人の女性としての希美が好きなんだ。だったらそれを大事にしようと決めました。のんはもう、自分の人生の一部になっていたから、自らそれを捨てることはあり得ない。ならば、距離を縮めていかなければ！　と、誕生日や結婚記念日はめちゃくちゃ気合を入れてお祝いしました。それから、二人で京都旅行に出かけることを提案したんです。

希美　あの頃は毎日ぶつかってばかりでした。夫婦の危機だから、ということで両親に子どもたちを預けて行ったんですが、人生で一番楽しい京都旅行になりました。

太陽　二人きりで電車に乗って京都に行って、山に登って、鴨川沿いを散歩して、川床で美味しいものを食べて……。でもどんな話をしていても、結局は子どもの話になってた（笑）。

希美　そういう時間を作ることはすごく大事。どんなにもめていても、一度は好きになって人生を一緒に過ごそうと思った相手じゃないですか。女の人は子どもを育てていると、どうしても強くなっちゃうというか……。ときには相手に自分を委ねる機会を作ると、また距離が縮まるんじゃないかな。

――3人目、4人目のお子さんも誕生して。すっかり安定感のある夫婦、という印象です。

太陽　結婚前、彼女は「仕事をやめてもいい」って言ってたけれど、もし本当に仕事をやめていたら「なんで私だけ」という思いがわいていたんじゃないかな。

希美　どっちかだけが我慢とか、どっちかだけが頑張っていたら絶対無理だったと思います。二人一緒に頑張って乗り越えてきたから、今の幸せがあるんだって、最近すごく思います。

太陽　子どもたちが頼ってくるから、自分たちがしっかりしなきゃならない。自然とそういう気持ちも生まれますね。

希美　ホントにそう。親としても夫婦としても、子どもたちに成長させてもらってます。子どもが増えるたびに、経験値も増えていくし。

太陽　余裕が出てくるよね。仕事と同じで、就職したての1年目はいっぱいいっぱいだけど、10年も勤めていれば、基本を踏まえて応用もできる。子育ても一緒です。

幸せを運んできてくれた三男「幸空」

希美　そんな感じで、3人目が生まれた頃には、今のような夫婦の関係性はでき上がっていました。ただ、世間的にはまだまだ厳しかった。風向きが変わったのは、4人目、幸空の妊娠を発表したあたりです。それまで、カップラーメンを食べたら「手抜きしている」と言われていたのが、「親近感がもてる」に変わりました(笑)。

太陽　結婚当初はいろいろ言われたし、二人でたくさん悩んできたけれど、「皆さんが納得するような間柄でいよう」と逆に頑張れる力にもなっていました。最近やっと応援してくださる方が増えて……。僕、ここ最近は毎日24時間、仕事と育児しかしていないんです。ただそれがまったく苦じゃない。むしろ幸せなんです。

希美　私もそう！　以前は「遊びに行きたいな」「二人の時間がほしい」と少なからず思っていたんですけど、今は「遊びに行くなら、当然、子どもと一緒でしょ」と思うし。

太陽　それが原因でもめたのにね……。不思議だよね。ただ、子どもは3人、となんとなく思っていたから、4人目を授かったとわかったときは、二人で笑っちゃったよね。

希美　ね（笑）。子どもたち3人も赤ちゃんが生まれてくるのをすごく楽しみにしていて、出産には全員が立ち会って、家族みんなで三男を迎えたんです。

太陽　長女のときは「頑張れ頑張れ！」って、僕もわけわからず必死だったけど、4回目ともなるとモニターを見ながら「はい、陣痛が来る

よ〜。もうすぐ治まりま〜す」なんて、気持ち的にもゆとりをもってカメラを回していました(笑)。

最近、5人目についてよく話します

希美　三男が生まれたことで、上の子たちもすごく成長したと思います。私たちもお互いのことがよくわかっていて、同じ方向を見ているので、めったにぶつかりません。

太陽　彼女が今、何を考えているのかがわかるから、対処もできるし、経験的に役割分担もできているからもめる理由がないんです。

希美　いつもありがたいなと思うのは、何かを頼むと「無理」とか「待って」とか言わずに、すぐにやってくれること。たとえば「コーヒー飲みたいな〜」って言えば、「よっしゃ、買ってくるか」ってすぐ動いてくれるんです。
太陽　それくらい、もちろんするよ。幸せであるための努力の一環というか、ちょっとした思いやりとか感謝は常に必要だと思う。のんは子どもの行事や送り迎えを第一に考えてくれて、いい仕事のオファーも断ってくれてるでしょ？……日々、ホントに感謝しているし、ちゃんと言葉に出して伝えるようにしています。
希美　感謝の言葉？　足りない～（笑）。
太陽　え、足りない？　結構言ってると思うんだけど（笑）。
希美　伝わってます。伝わっているけど(笑)。こういう二人そろってのインタビューの機会って意外とないから……なんていうの、二人にとっての告白？
太陽　突然思い出したんですけど、以前、ロケの仕事で、何年もしゃべっていないお父さんと息子の仲裁に僕が入ってお互いの真意を探る、みたいな企画があって。「実はお父さんにすごく感謝してる」って息子が告白して、二人とも号泣……みたいなことがあったんですが、それを今、夫婦でやらされている感じです（笑）。
希美　普段の生活の中でそういうことを伝え合うってなかなかないもんね。彼のそういう言葉に私は救われています。もう、夫として最高のひと言です。好きなところは、と聞かれたら〝存在そのもの〟としか言いようがない。
太陽　それは僕も同じですね。ほかの人では、もう絶対に無理だと思う。付き合ってから15年間、ずっとお互いの〝トリセツ〟を読んできたようなものですからね。

——もう〝仕上がっている〟とは思うんですが、今後どういう夫婦になっていきたいですか？

希美　うーん。もう〝維持〟だよね。

太陽　〝維持〟ね。イントネーション大事。意地で続ける、みたいな感じになってるよ(笑)。

希美　この関係を維持していきたい。今の平凡な日常が続いてほしいと思っています。

太陽　僕、ロケ仕事は人生のロケハンだと思っているんです。日本全国に行ってるので、彼女に見せたい景色がたくさんあるんですよ。阿蘇の山の上とか桜島とか。流氷とかも……。

希美　ありがたいんですけど、彼はロケハンしちゃってるから、一緒に旅行しても自分は感動しないんですよ。今でも忘れられないのが白浜に行ったとき。私はめちゃめちゃ感動しているのに、彼は嘘でしょ？　っていうくらいクールで。

太陽　おう、よかったわ！　みたいな感じでね。

希美　こっちは感動を分かち合いたいのに！

——もっと家族が増えても大丈夫そうですね。

太陽　子どもたち一人一人が個性があって本当に可愛いから、もう一人子どもが増えたらどうなるだろう、とはよく話しています。あ、でも女の子だったら……ブランクがありすぎてお尻のふき方とか忘れてるな。

希美　大丈夫、すぐ思い出すから。もともと子どもは3人かなって話していたところに幸空が生まれてきてくれて、その幸空がもう可愛くて可愛くて。だったら、5人目が来てくれても絶対可愛いよね、と。

太陽　産むのはのんだから、「5人目産んで」とは軽々しく言えないけど。

希美　あの辛いつわりさえなければね……(笑)！

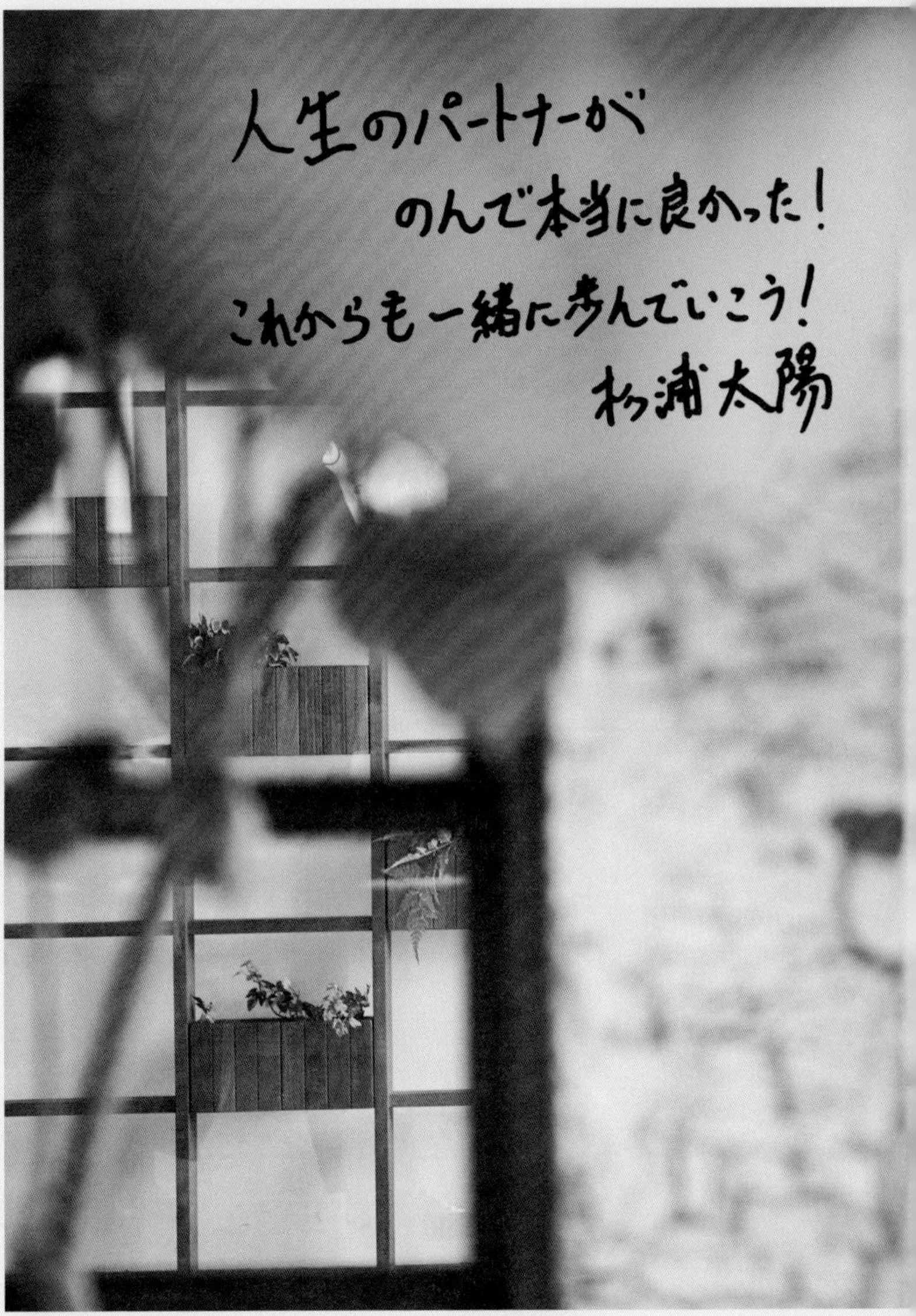
人生のパートナーが
のんで本当に良かった！
これからも一緒に歩んでいこう！
杉浦太陽

辻希美 つじのぞみ
1987年6月17日生まれ。2000年、モーニング娘。の第4期メンバーとして選ばれデビュー。2004年に同グループを卒業後、ユニット活動を経てソロとして活躍。2007年に結婚、出産。現在4人の子の母として育児の傍ら、TV・イベントに出演のほかアメブロ＆インスタを日々更新中。またKID'Sブランド「Ange Charme(アンジュシャルム)」のプロデュースもスタート。YouTubeでは飾らない等身大のリアルな部分が共感を呼んでいる。

AmebaBLOG：のんピース
Instagram：@tsujinozomi_official
YouTube：辻ちゃんネル
TikTok：@tsujinozomiofficial
Ange Charme：https://www.angecharme.shop/

取材・文／萩原はるな

デザイン／若山嘉代子（L'espace）

撮影／福本和洋（P178〜191）

嶋田礼奈（カバー）

辻希美分）
ヘアメイク／冨永朋子（アルール）
スタイリスト／トリイクニコ

杉浦太陽分）
ヘアメイク／山口恵美
スタイリスト／松純

マネージメント／山田昌治、石橋なつみ
（YU-Mエンターテインメント株式会社）

＊本書はwith onlineの連載『辻希美の「大好きな人と結婚しよう」』に
追加取材、撮影をして再編集したものです。

大《だい》好《す》きな人《ひと》と結婚《けっこん》した、その後《ご》。

2021年6月17日　第1刷発行
2021年9月30日　第6刷発行

著者　辻希美《つじのぞみ》

発行者　鈴木章一
発行所　株式会社　講談社
〒112-8001　東京都文京区音羽2-12-21
編集　☎03-5395-3447
販売　☎03-5395-3606
業務　☎03-5395-3615
印刷所　大日本印刷株式会社
製本所　大口製本印刷株式会社

KODANSHA

ISBN 978-4-06-523834-9